Crédito: Shutterstock

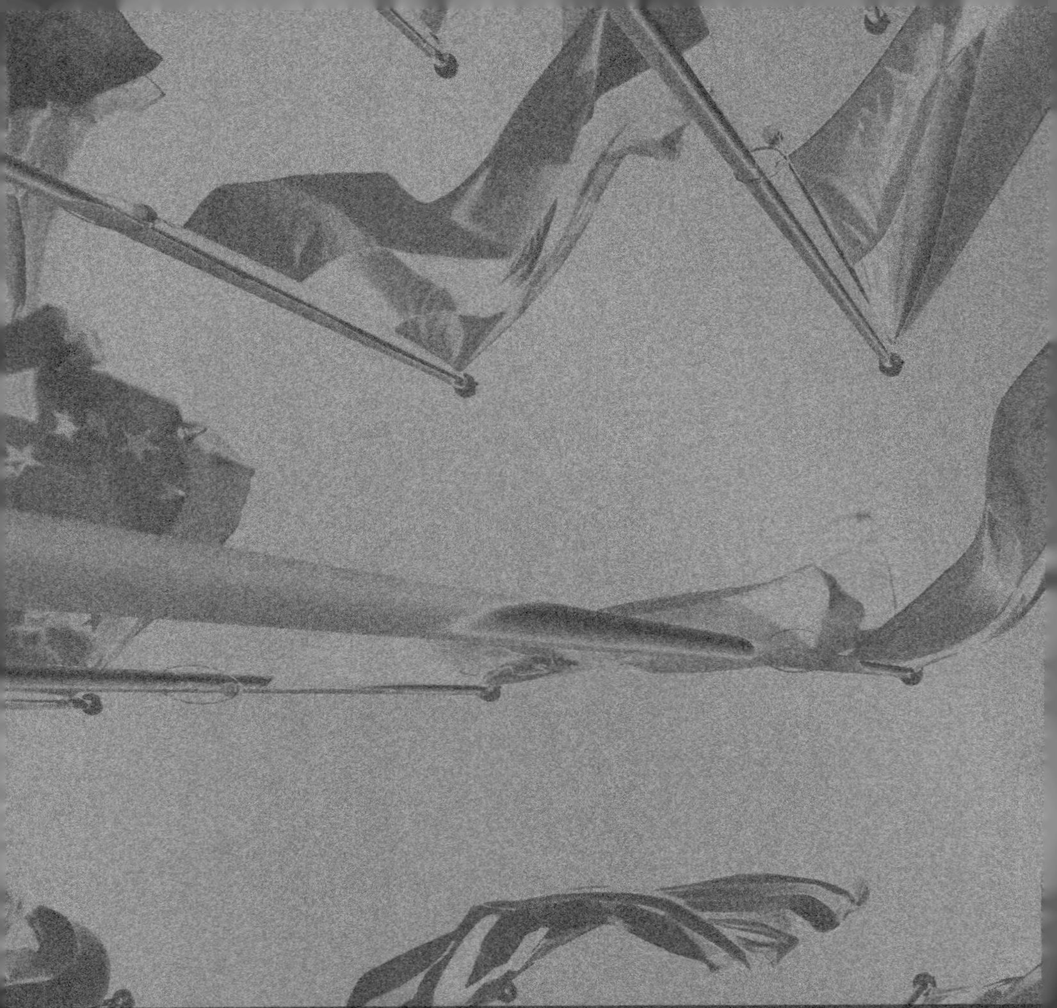

O selo DIALÓGICA da Editora InterSaberes faz referência às publicações que privilegiam uma linguagem na qual o autor dialoga com o leitor por meio de recursos textuais e visuais, o que torna o conteúdo muito mais dinâmico. São livros que criam um ambiente de interação com o leitor – seu universo cultural, social e de elaboração de conhecimentos –, possibilitando um real processo de interlocução para que a comunicação se efetive.

as organizações internacionais e as políticas públicas brasileiras de educação e trânsito
Vanessa Fontana • Jefferson Augusto Krainer

Rua Clara Vendramin, 58 • Mossunguê
CEP 81200-170 • Curitiba • PR • Brasil
Fone: (41) 2106-4170
www.intersaberes.com
editora@editoraintersaberes.com.br

conselho editorial • Dr. Ivo José Both (presidente)
Drª Elena Godoy
Dr. Nelson Luís Dias
Dr. Neri dos Santos
Dr. Ulf Gregor Baranow

editora-chefe • Lindsay Azambuja
supervisora editorial • Ariadne Nunes Wenger
analista editorial • Ariel Martins
capa • Gabriel Czap
projeto gráfico • Raphael Bernadelli
adaptação de projeto gráfico • Sílvio Gabriel Spannenberg
iconografia • Vanessa Plugiti Pereira

Dados Internacionais de Catalogação na Publicação (CIP)
(Câmara Brasileira do Livro, SP, Brasil)

• • •

Fontana, Vanessa
   As organizações internacionais e as políticas públicas brasileiras de educação e trânsito/Vanessa Fontana, Jefferson Augusto Krainer. Curitiba: InterSaberes, 2016.

   Bibliografia.
   ISBN 978-85-443-0356-6

   1. Organização internacional 2. Políticas públicas – Brasil 3. Tomada de decisão I. Krainer, Jefferson Augusto. II. Título.

15-10457   CDD-060

• • •

Índices para catálogo sistemático:
1. Organizações Internacionais 060

1ª edição, 2016.

Foi feito o depósito legal.

Informamos que é de inteira responsabilidade dos autores a emissão de conceitos.

Nenhuma parte desta publicação poderá ser reproduzida por qualquer meio ou forma sem a prévia autorização da Editora InterSaberes.

A violação dos direitos autorais é crime estabelecido na Lei n. 9.610/1998 e punido pelo art. 184 do Código Penal.

Sumário

Dedicatória, 9

Agradecimentos, 11

Epígrafe, 13

Prefácio, 15

Apresentação, 19

Como aproveitar ao máximo este livro, 23

capítulo um   Organizações internacionais: conceito, atuação e antecedentes históricos, 30

    1.1   Identificando as organizações internacionais, 32

    1.2   Antecedentes históricos, 38

    1.3   Âmbito de atuação, 50

    1.4   Conceituação, 55

capítulo dois   Organizações internacionais: tipologia, criação, adesão, dissolução, sucessão e personalidade jurídica, 74

    2.1   Tipologia, 76

    2.2   Criação, adesão, retirada, expulsão, dissolução e sucessão, 84

    2.3   Personalidade jurídica, 94

capítulo três Organizações internacionais: competências, estrutura e recursos, 110

- 3.1 Competências, 113
- 3.2 Estrutura, 119
- 3.3 Recursos, 127

capítulo quatro Organizações internacionais: tomada de decisão, poderes e não acatamento das decisões, 144

- 4.1 Tomada de decisão, 147
- 4.2 Poderes, 154
- 4.3 Não acatamento das decisões, 162

capítulo cinco O Banco Mundial e a indução de políticas públicas na educação superior brasileira, 178

- 5.1 Considerações iniciais, 180
- 5.2 Estratégias do Banco Mundial para a educação na América Latina, na Ásia e no Caribe, 183
- 5.3 Políticas públicas para o ensino superior no Brasil, 186
- 5.4 Considerações sobre as políticas públicas no Brasil e o Banco Mundial, 191

capítulo seis O papel da ONU no trânsito: o caso brasileiro, 202

- 6.1 Conferências e encontros mundiais sobre trânsito, 205
- 6.2 OMS e ONU: políticas públicas para o trânsito, 209
- 6.3 Políticas públicas para o trânsito no Brasil, 215
- 6.4 Considerações finais: Brasil, organizações internacionais e trânsito, 218

Para concluir…, 227

Lista de siglas, 230

Referências, 235

Respostas, 242

Sobre os autores, 246

Dedicatória

Dedico este trabalho, feito a quatro mãos, com muita correria e também abnegação, ao meu querido filho, Cauã Vinicius de Souza Fontana, ao meu marido, Orélio Fontana, e à minha mãe, Iara Antonia Lopes.

Vanessa Fontana

À Christiane, minha esposa, e aos meus filhos, Josepe e Gabriel, com muito amor.

Jefferson Auguto Krainer

Agradecimentos

Primeiramente, agradeço ao meu amigo Jefferson Krainer pela grande parceria para escrever este livro. Cabe também agradecer aos meus familiares Cauã Fontana, Orélio Fontana e Iara Lopes, que fizeram inúmeras concessões para que eu tivesse condições de pensar, pesquisar e escrever.

Vanessa Fontana

Antes de tudo, sou grato à Vanessa Fontana, minha parceira, pelo convite para escrever esta obra. Agradeço, também, à Christiane, minha esposa, que não poupou esforços para me ajudar na confecção deste livro, dando ânimo e incentivo, discutindo o tema comigo, sugerindo alterações, sobrecarregando-se com outras atividades para me franquear o tempo necessário para escrever, participando ativamente para que tudo acontecesse.

Jefferson Auguto Krainer

Epígrafe

O poder do cidadão, o poder de cada um de nós, limita-se, na esfera política, a tirar um governo de que não se gosta e a pôr outro de que talvez venha a se gostar. Nada mais. Mas as grandes decisões são tomadas em uma outra grande esfera e todos sabemos qual é. As grandes organizações financeiras internacionais, os FMIs, a Organização Mundial do Comércio, os bancos mundiais. Nenhum desses organismos é democrático. E, portanto, como falar em democracia se aqueles que efetivamente governam o mundo não são eleitos democraticamente pelo povo? Quem é que escolhe os representantes dos países nessas organizações? Onde está então a democracia?

José Saramago

Prefácio

Fiquei verdadeiramente honrado com o convite feito pela doutora Vanessa Fontana para prefaciar uma obra de autoria sua e do professor Jefferson Krainer.

Reunir organizações internacionais e políticas públicas brasileiras de educação e de trânsito em um livro é uma ideia muito original e apropriada em termos de globalização econômica. Se vivemos em um tempo de *lex mercatoria* com a necessária harmonização de legislações, é fundamental a compreensão desse fenômeno em toda a sua dimensão.

Desde o século XIX, existem organizações internacionais, como a União Postal Universal, de 1874, ou o Sistema Internacional de Propriedade Intelectual, de 1883 e 1886, que deu origem ao Escritório Internacional Unificado pela Proteção da Propriedade Intelectual. No século XX, após a Primeira Guerra Mundial, houve o Tratado de Versalhes, em 1919, com a Organização Internacional do Trabalho e a Liga das Nações.

No entanto, é necessário fazermos uma grande ressalva. Após a Primeira Grande Guerra, havia a convicção de que os Estados soberanos poderiam resolver tudo. Tanto é que o Tratado de Versalhes se inicia com as palavras "As Altas Partes Contratantes…" (Pacto…, 1919). Significativa mudança ocorreu antes do término da Segunda Grande Guerra, com a Carta de São Francisco, que criou a Organização das Nações Unidas (ONU): "Nós, Povos das Nações Unidas" (CSNU, 1945). Esse novo marco passou a mensagem de cooperação entre os povos. Dentro do sistema ONU (Conselho de Segurança, Corte Internacional de Justiça, Assembleia Geral, Conselho Econômico e Social, Secretaria Geral) estão abarcadas, de modo direto ou indireto, todas as organizações internacionais governamentais: Banco Mundial, Organização Mundial do Comércio (OMC), Fundo Monetário Internacional (FMI), no braço do Conselho Econômico, Organização das Nações Unidas para a Educação, a Ciência e a Cultura (Unesco), Organização Mundial da Saúde (OMS), no braço do Conselho Social, Agência da ONU para Refugiados (Acnur), Comissão das Nações Unidas para o Direito Comercial Internacional (Uncitral), Assembleia Geral etc. Se pensarmos em blocos econômicos, estes estão ligados à OMC, que está vinculada ao Conselho Econômico e Social, que é um órgão da ONU. Ou seja, tudo passa pelo sistema ONU.

A ONU, trabalhando com uma perspectiva de cooperação entre os Estados, determina, no art. 102 da Carta das Nações Unidas e Estatuto da Corte Internacional de Justiça, que todo tratado assinado entre os Estados deverá ser registrado na Secretaria Geral e que nenhuma parte poderá invocar dito tratado ou acordo ante órgão algum das Nações Unidas se não houver tal registro (CSNU, 1945).

O Brasil, como membro originário da ONU, assinou muitos tratados em sua existência. É um Estado soberano, ou seja, não admite nenhum poder acima de si e trabalha com a cooperação entre os demais Estados soberanos. Ser Estado soberano implica, em termos internos: direito de organização política, direito de legislação, direito de jurisdição, direito de domínio; já em termos externos: direito de legação ou representação política (embaixadas e consulados), direito de celebrar tratados e/ou convenções, direito de fazer guerra e celebrar a paz, direito à igualdade, direito ao respeito mútuo.

No Brasil, o conceito de soberania é absoluto. Podemos cooperar com os demais Estados, mas admitimos decisões contrárias a nossos interesses. Em outras palavras, sempre será necessária a concordância expressa do Estado.

A recepção de um tratado dentro do ordenamento jurídico brasileiro é um reflexo disso. Por disposição da Constituição, os tratados internacionais que disserem respeito a direitos humanos terão força de emenda constitucional. Os demais tratados serão recepcionados como leis ordinárias.

Isso significa que as leis, no Brasil, obedecem a um sistema hierárquico: no ápice, está a Constituição; depois, as emendas constitucionais; as leis complementares; as leis ordinárias (a diferença entre elas está no quórum de aprovação); os decretos; as medidas provisórias; os regulamentos; as portarias; as ordens de serviço. Uma lei hierarquicamente superior não pode ser revogada ou modificada por uma norma inferior. Ou seja, como um tratado internacional assinado pelo Brasil e que não diz respeito aos direitos humanos poderia alterar, por exemplo, uma norma presente no Código Brasileiro de Trânsito, que é uma lei complementar? Assim, entraríamos em uma complexa discussão entre a validade e a eficácia das normas.

Um modo efetivo de contornar um eventual problema jurídico de ordem hierárquica entre um tratado assinado pelo Brasil e sua lei interna é aplicar na legislação interna os princípios que norteiam o tratado. Isso já foi feito, por exemplo, com o Código de Defesa do Consumidor ou o Código de Propriedade Industrial. Muitos artigos do Código Brasileiro de Trânsito também tiveram origem em discussões iniciadas no âmbito da OMS.

O Brasil também assinou tratados no contexto regional, como o Protocolo de São Luís, sobre matéria de responsabilidade civil emergente de acidentes de trânsito entre os Estados do Mercosul (Brasil, 2000), que deu efetividade às multas aplicadas no Brasil para os veículos dos demais países partícipes do bloco.

Essas provocações estão brilhantemente trabalhadas ao longo desta obra. É um livro útil, constituído de forma didática e lógica, para estudantes e profissionais da área. Um trabalho marcante, pelo qual a comunidade em geral e os especialistas nas áreas de educação e de trânsito agradecem.

Luís Alexandre Carta Winter
Professor titular na Pontifícia Universidade Católica do Paraná, no Processo Seletivo Seriado Unicuritiba e nas Faculdades da Indústria

Apresentação

Este é um livro destinado ao ensino de relações internacionais, ciência política, direito, educação, trânsito e outras ciências humanas e sociais aplicadas, bem como a todos os cidadãos que se interessam por relações internacionais e por políticas públicas.

Antes de tudo, é importante diferenciar organizações internacionais de organismos internacionais. Essa diferença está pautada na perspectiva histórica e teórica, uma vez que organizações internacionais são pessoas jurídicas de direito internacional, formadas a partir da manifestação da vontade dos Estados, com base na celebração de tratados constitutivos. Já os organismos internacionais são marcados por elementos de internacionalidade ou de transnacionalidade, o que significa que não apresentam a estrutura constitutiva de uma organização internacional, isto é, de relações entre os Estados que ocorrem a partir de tratados. Assim, podemos dizer que um organismo internacional é qualquer entidade internacional.

Os princípios adotados na elaboração deste livro são clássicos quanto à teoria; no entanto, buscamos inovar à medida que apresentamos casos concretos nos quais os papéis das organizações internacionais puderam ser avaliados em sua aplicação. Escolhemos, assim, dois temas: educação superior e trânsito. Por meio dessas escolhas, conseguimos trazer para o mundo concreto a atuação das organizações internacionais – abordagem bastante incomum na área.

Esta obra está dividida em seis capítulos. No primeiro deles, identificaremos as organizações internacionais e seu papel no sistema internacional, apontaremos suas origens e seu desenvolvimento histórico e descreveremos seu âmbito de atuação e seus elementos constitutivos. Por fim, conceituaremos as organizações internacionais de acordo com as teorias clássicas que abordam esse tema.

No Capítulo 2, identificaremos os diversos tipos de organizações internacionais, categorizando-as segundo seus traços predominantes; diferenciaremos organizações internacionais de entidades e agrupamentos formais ou informais, pontuaremos as características do tratado constitutivo típico de uma organização internacional, analisaremos como se forma uma organização dessa natureza, como se dá sua composição (ingresso e saída de membros) e também como ocorre sua extinção. Por fim, destacaremos a importância, a extensão e as consequências legais da atribuição de personalidade jurídica às organizações internacionais.

Apresentaremos as diferentes funções e a consequente distribuição de competência das organizações internacionais no Capítulo 3. Explicaremos como as organizações internacionais são estruturadas e como é seu funcionamento interno, bem como analisaremos a importância, os impactos e a existência do emprego eficaz de recursos materiais e examinaremos as fontes de receita dessas organizações. Além disso, caracterizaremos os agentes e os funcionários internacionais e, por fim, constataremos a necessidade ou não de se concederem privilégios e imunidades às organizações internacionais como elementos condicionantes de seu funcionamento regular.

No Capítulo 4, apresentaremos a maneira como são direcionadas e por quem são definidas as decisões tomadas pelas organizações internacionais e descreveremos os sistemas de votação utilizados para o processo de tomada de decisão. Explicaremos, também, por que algumas organizações internacionais conseguem exercer poder no sistema internacional e outras não. Além disso, apontaremos as possíveis consequências do descumprimento das obrigações assumidas para com as organizações internacionais e os resultados do não acatamento de suas decisões. Discutiremos por que as normas e/ou as decisões emanadas dessas organizações são violadas com frequência por seus membros. Até o Capítulo 4, portanto, apresentaremos os preceitos teóricos e organizacionais, isto é, como as organizações devem funcionar dos pontos de vista formal e legal.

No Capítulo 5, examinaremos o papel das organizações internacionais de forma concreta; destacaremos o papel do Banco Mundial como organização internacional na perspectiva das diretrizes educacionais elaboradas para a América Latina, o Caribe e a Ásia. Mostraremos como uma organização internacional com o peso do Banco Mundial influenciou as diretrizes para a educação superior no Brasil. Dessa forma, refletiremos sobre como as políticas públicas brasileiras foram elaboradas a partir das diretrizes do Banco Mundial. Com o objetivo de demonstrarmos a concretude dessa influência, analisaremos efetivamente 13 políticas públicas brasileiras para o ensino superior no país que seguiram de forma efetiva as concepções do Banco Mundial. Delinearemos o cenário da educação superior brasileira, com base na efetiva aplicação dessas políticas públicas, por meio de estatísticas sobre a educação privada e a pública.

Ainda nesse contexto, mas com outro tema, no Capítulo 6, discutiremos o papel da Organização das Nações Unidas (ONU) na orientação de políticas de trânsito. Esclareceremos como uma organização internacional tão importante apresenta as diretrizes para o trânsito seguro no Brasil e no mundo, elencando as principais e demonstrando a adoção de políticas públicas brasileiras de trânsito com base nelas. Apresentaremos também a legislação brasileira e diversas políticas públicas de trânsito produzidas com base nos documentos da ONU e dos grandes encontros internacionais com essa temática. Para encerrar, apresentaremos as estatísticas sobre o trânsito no Brasil e no mundo.

A escolha dessas duas áreas – educação e trânsito – aconteceu em virtude do impacto imediato que causam na vida das pessoas; além disso, a análise dessas temáticas nos possibilitou compreender efetivamente o alcance das organizações internacionais na política doméstica dos países, em especial do Brasil. Com isso, pretendemos demonstrar o quanto as organizações internacionais são capazes de interferir em nossa vida, por meio de visões macro e de direcionamentos que refletem na vida social, política e econômica das nações. Esperamos que este livro traduza e revele essas influências, pois nosso principal objetivo foi despertar vocações para os grandes temas que movem a vida em sociedade.

Como aproveitar ao máximo este livro

Este livro traz alguns recursos que visam enriquecer seu aprendizado, facilitar a compreensão dos conteúdos e tornar a leitura mais dinâmica. São ferramentas projetadas de acordo com a natureza dos temas que vamos examinar. Veja a seguir como esses recursos se encontram distribuídos no decorrer desta obra.

Logo na abertura do capítulo, você fica conhecendo os conteúdos que serão nele abordados.

Você também é informado a respeito das competências que irá desenvolver e dos conhecimentos que irá adquirir com o estudo do capítulo.

Conteúdos do capítulo:
- Organizações internacionais.
- Atores internacionais.
- Sistema internacional.
- Governança global.
- Antecedentes históricos das organizações internacionais.

Após o estudo deste capítulo, você será capaz de:
1. identificar as organizações internacionais;
2. reconhecer o papel das organizações internacionais no sistema internacional;
3. apontar as origens e o desenvolvimento histórico das organizações internacionais;
4. descrever o âmbito de atuação e os elementos constitutivos das organizações internacionais;
5. conceituar as organizações internacionais.

Basta abrir um jornal, ouvir um noticiário ou acessar a internet para constatar a presença quase constante das OIs e das ONGs no cenário mundial. A simples observação do número de organizações atesta sua importância: mais de 66 mil existentes e cerca de 1,2 mil novas adicionadas a cada ano (UIA, 2015).

> **Para saber mais**
>
> A União das Associações Internacionais (UAI), com sede em Bruxelas (Bélgica), fundada em 1907, é um instituto de pesquisa e centro de documentação que se dedica à compilação e à divulgação de dados e informações sobre as OIs e as ONGs. Essa vasta e abrangente fonte de informações é publicada no *Yearbook of International Organizations* (Anuário das Organizações Internacionais, em tradução livre). Para mais detalhes, consulte o site:
>
> UIA – Union of International Associations. Disponível em: <http://www.uia.org>. Acesso em: 19 ago. 2015.

> Você pode consultar as obras indicadas nesta seção para aprofundar sua aprendizagem.

As OIs buscam, fundamentalmente, fomentar e operacionalizar a cooperação coletiva, principalmente entre os Estados, para a resolução de problemas mundiais – ou mesmo locais ou regionais, mas com efeitos globais. Daí sua principal função nas relações internacionais contemporâneas. Nesse contexto, a rede de OIs e os demais atores integram o sistema internacional[8] com vistas a garantir certa medida de governança global. De acordo com James Rosenau (2000, p. 15-16):

> A governança é um fenômeno mais amplo que governo; abrange as instituições governamentais, mas implica também mecanismos informais, de caráter não governamental, que fazem com que as pessoas e as organizações dentro da sua área de atuação tenham

---

8 Um conjunto de elementos ou atores ligados entre si, direta ou indiretamente, de modo a formarem um todo organizado.

---

da de seus membros, decorrentes da intensificação das relações internacionais e de uma cooperação imprescindível entre as nações. Nessa linha, em um primeiro momento, se nos valêssemos de uma interpretação extensiva, qualquer sujeito internacional (ONGs, empresas, entes subnacionais, entre outros), desde que movido por algum tipo de vínculo de cooperação transnacional, estaria incluído no conceito de organização internacional. No entanto, o que diferencia as OIs, objeto do nosso estudo (organizações intergovernamentais), dos demais atores internacionais, além da necessária presença dos Estados e do alto grau de institucionalização, é, primordialmente, a detenção de personalidade jurídica, o que será abordado mais detalhadamente no próximo capítulo.

Estudo de caso

Para esclarecermos a importância do conteúdo exposto neste capítulo, apresentaremos um breve estudo de caso que problematiza a real diferença entre uma organização internacional e um organismo internacional. Essa diferença é constitutiva de um campo de conhecimento e da atuação tanto das organizações como dos organismos.

Pensemos na Cruz Vermelha: trata-se de um organismo internacional ou de uma organização internacional? A resposta pode começar a ser construída à medida que pensamos em sua constituição. Ela foi criada a partir da relação entre Estados ou de outras relações e objetivos? A Cruz Vermelha não é uma organização internacional, pois não foi criada a partir de um tratado constitutivo celebrado entre Estados, mas à luz do direito suíço.

Pois bem, o que faz a Cruz Vermelha? Conhecendo seu papel, podemos identificar de forma mais clara a fronteira entre as organizações internacionais e os organismos internacionais. Vejamos, então, sua história:

> Esta seção traz ao seu conhecimento situações que vão aproximar os conteúdos estudados de sua prática profissional.

Nestes boxes, você confere informações complementares a respeito do assunto que está sendo tratado.

Estados-membros, é a única organização supranacional de que se tem conhecimento na atualidade. Na UE, todas as Constituições dos Estados-membros permitem a delegação do exercício de competências para um poder supranacional que faz nascer um direito comunitário[4] com primazia sobre o nacional.

Preste atenção!

A CEE não se confunde com a UE, tampouco com o CdE ou com o Conselho Europeu (CEu). A UE é uma organização formada pela maioria dos Estados democráticos da Europa Continental e do Reino Unido e que tem o CEu como seu principal órgão político. Sua designação atual foi dada pelo Tratado de Maastricht, de 1993, o qual, entre outras providências, inseriu a CEE em sua estrutura com a denominação de *Comunidade Europeia* (CE). Esta, por sua vez, com a entrada em vigor do Tratado de Lisboa, de 2009, foi extinta e completamente absorvida pela UE. A CE, que é a OI mais antiga ainda em atividade, tem por objetivo a defesa dos direitos humanos, o desenvolvimento democrático e a estabilidade político-social na Europa.

Devemos registrar que os estudiosos divergem a respeito do fenômeno da supranacionalidade. Para Fausto de Quadros, aliás, a UE sequer pode ser considerada uma entidade supranacional, uma vez que a supranacionalidade determina

> o nascimento de um poder político superior aos Estados, resultante da transferência definitiva por estes da esfera dos seus poderes soberanos relativos aos domínios abrangidos pela entidade supranacional, e em que designadamente o poder legislativo (como poder de criação de Direito novo) é exercido em função do interesse comum e não do interesse dos Estados. (Quadros, 1991, p. 158)

---

[4] É o ramo do direito que estuda o conjunto de normas e de princípios em que a exclusividade estatal da criação e da aplicação do direito é outorgada aos entes criados por esses próprios Estados.

Aqui você encontra reflexões que fazem um convite à leitura, acompanhadas de uma análise sobre o assunto.

(CSNU, 1945). Para isso, atua tanto na identificação de ameaças à paz, de rupturas da paz ou de atos de agressão quanto na recomendação ou na adoção de medidas amistosas ou coercitivas.

Pense a respeito

É fácil perceber que nem sempre o CSNU consegue agradar a todos, pois sua legitimidade (reconhecimento, aquiescência internacional) em missões de paz ou intervenções humanitárias está diretamente relacionada à interpretação que dão ao que pode ser considerado uma ameaça à paz, uma ruptura da paz ou uma agressão.

4. **Integração regional**[32]: diz respeito à cooperação em diversas áreas: econômica, social, política, cultural etc., com vistas à unificação, ou seja, à formação de um todo, um bloco, como a UE, o Mercosul e a Organização dos Estados Americanos (OEA). Essa integração promove o diálogo entre os atores dentro de um limite geográfico ou geopolítico restritivo. A Carta das Nações Unidas, em seu art. 52, até mesmo incentiva a criação de OIs – desde que compatíveis com os propósitos e os princípios da ONU – destinadas a tratar de assuntos relativos à manutenção da paz e da segurança internacionais que forem suscetíveis de uma ação regional. Áreas de livre comércio, uniões aduaneiras, mercados comuns ou uniões monetárias são exemplos de mecanismos de integração econômica e não se confundem com as OIs propriamente ditas. Estas têm sedes permanentes para administrar suas atividades, enquanto aqueles, além de não terem sede,

---

[32] Para Herz e Hoffmann (2004, p. 166), trata-se de "um processo dinâmico de intensificação em profundidade e abrangência das relações entre atores levando à criação de novas formas de governança político-institucionais de escopo regional". Visa, fundamentalmente, incrementar a competitividade, facilitar as trocas comerciais, aumentar a coesão política, construir melhores infraestruturas, eliminar barreiras, criar postos de trabalho e diversificar a economia de determinada região. Não envolve, normalmente, atividades no âmbito universal/global, porém pode incorporar membros de mais de uma região.

> Você dispõe, ao final do capítulo, de uma síntese que traz os principais conceitos nele abordados.

Síntese

Identificamos neste capítulo as OIs, objetos de nosso estudo, ou seja, as organizações internacionais governamentais, as quais são constituídas por Estados e, apesar de integrarem o sistema internacional junto a outros atores (todos prestadores de serviços internacionais), como as ONGs, as empresas transnacionais e as organizações subnacionais, não se confundem com estes. As OIs, diferentemente dos demais atores, são associações predominantemente compostas por Estados, com alto grau de institucionalização e que detêm personalidade jurídica própria. Vimos, também, que as interações intra e extraestatais e os movimentos dos atores internacionais repercutem sobre o ambiente internacional, com vistas a garantir certa medida de governança global. A manutenção da paz, o estabelecimento da segurança coletiva, a propagação dos direitos humanos e o desenvolvimento de ações econômicas e sociais são alguns exemplos dos serviços internacionais prestados pelas OIs e pelos demais atores internacionais.

Os Estados, outrora soberanos no plano internacional, foram, ao longo do tempo, principalmente em razão do fenômeno da globalização e da intensificação das necessidades individuais e coletivas, perdendo o monopólio da condução das relações internacionais, cedendo lugar a outros atores. As OIs, portanto, despontaram com o objetivo precípuo de atender às necessidades da comunidade internacional não mais atendidas pelos Estados.

Também tratamos dos antecedentes históricos das OIs e constatamos que, em um primeiro momento, elas eram rudimentares e essencialmente técnicas. Com o passar do tempo, ampliaram e diversificaram seu campo de atuação, chegando até mesmo a incluir uma infinidade de temas relacionados às mais diversas atividades humanas. No início do século XX, as OIs se multiplicaram, adquiriram vontade própria, firmaram raízes e se institucionalizaram. Sobre o âmbito ou domínio de atuação das OIs, destacamos quatro

---

> Nesta seção a proposta é acompanhar passo a passo a resolução de alguns problemas mais complexos que envolvem o assunto do capítulo.

Exercício resolvido

1. As decisões (internas ou externas) de uma organização internacional governamental, bem como o sistema de que ela se vale para tomá-las, revelam as convicções políticas e ideológicas que se pretende seguir, isto é, deixam transparecer as verdadeiras intenções dos membros dessa organização. Sobre essas decisões, é **incorreto** afirmar:

   a. Considerando-se os Estados soberanos, em geral as decisões das organizações internacionais (OIs) não têm caráter obrigatório, apesar de gerarem efeitos de natureza política, uma vez que o destinatário do ato poderá sofrer pressões de outros integrantes.

   b. As OIs podem exarar resoluções obrigatórias, cujo cumprimento não poderá ser questionado pelo destinatário da decisão, ainda que seja membro da organização, já que às organizações são atribuídas as competências necessárias para o desempenho de suas funções e o atingimento de seus objetivos.

   c. Se conflitantes os interesses de uma organização e de um ou mais de seus Estados-membros, os Estados contrariados podem boicotar a decisão dessa organização, conduta levada a efeito, principalmente, quando não há mecanismos capazes de lhes impor uma sanção.

   d. A divergência de interesses entre os Estados e a constante dificuldade para a imposição das decisões das organizações são algumas das razões que justificam o surgimento do que se convencionou chamar de *soft law*.

   e. Os países poderosos podem exercer significativa influência nas decisões das OIs, utilizando estas até mesmo para desenvolver uma espécie de hegemonia consensual.

> Com estas atividades, você tem a possibilidade de rever os principais conceitos analisados. Ao final do livro, os autores disponibilizam as respostas às questões, a fim de que você possa verificar como está sua aprendizagem.

De acordo com a abordagem realista das relações internacionais, os Estados são atores racionais cujo processo de tomada de decisão se fundamenta em escolhas que apontem para a maximização dos interesses nacionais.

A evolução das organizações internacionais interestatais e de outros atores internacionais poderá ocasionar um movimento em direção a uma governança global, pois é necessário responder a problemas globais que os Estados, de forma isolada, não conseguem resolver. Isso, porém, não importa, pelo menos não em curto prazo, no total esvaziamento do Estado, a ponto de este vir a desaparecer ou ser substituído por completo por outra estrutura institucional.

Questões para revisão

1. Diversos atores integram o sistema internacional contemporâneo. Entre eles, destacam-se os Estados, as empresas transnacionais, as organizações internacionais intergovernamentais, os entes subnacionais e as organizações não governamentais (ONGs). Sobre eles, é correto afirmar:
   a. Os estados de uma federação, as regiões nacionais ou intercontinentais, as províncias, os distritos e os municípios não podem, sem a necessária participação do Estado nacional a que estão integrados, buscar recursos e cooperação técnica no exterior.
   b. A governança global envolve a participação tão somente dos Estados e das organizações internacionais governamentais.
   c. Para que um ator seja reconhecido pela comunidade internacional, é necessário que tenha personalidade jurídica própria e, consequentemente, possa celebrar tratados internacionais.

> Nesta seção, a proposta é levá-lo a refletir criticamente sobre alguns assuntos e trocar ideias e experiências com seus pares.

5. As organizações internacionais intergovernamentais são dotadas, desde seu nascimento, de personalidade jurídica que lhes assegura as competências necessárias para alcançar os objetivos contidos em seus tratados institutivos. Relacione três consequências decorrentes do reconhecimento da personalidade jurídica conferido a essas organizações.
6. Uma organização internacional intergovernamental pode ser dotada de um poder superior ao das autoridades estatais que a constituíram. A qual tipo de organização estamos nos referindo?

Questão para reflexão

1. No âmbito do direito internacional público, há mais de uma concepção a respeito dos atores que se qualificam como sujeitos do direito internacional: alguns autores defendem que apenas os Estados nacionais e as organizações internacionais intergovernamentais são detentores de direitos e de obrigações na seara internacional, enquanto outros incluem nesse grupo organizações não governamentais (ONGs), entes subnacionais, empresas e indivíduos. Há consenso, contudo, quanto ao relevante papel desempenhado por todos os atores, especialmente as ONGs e os entes subnacionais, no âmbito das relações internacionais. Discorra sobre o papel dos dois últimos atores mencionados nas relações internacionais contemporâneas.

Crédito: Drop of Light/Shutterstock.com

capítulo um

Organizações internacionais: conceito, atuação e antecedentes históricos

Conteúdos do capítulo:

- Organizações internacionais.
- Atores internacionais.
- Sistema internacional.
- Governança global.
- Antecedentes históricos das organizações internacionais.

Após o estudo deste capítulo, você será capaz de:
1. identificar as organizações internacionais;
2. reconhecer o papel das organizações internacionais no sistema internacional;
3. apontar as origens e o desenvolvimento histórico das organizações internacionais;
4. descrever o âmbito de atuação e os elementos constitutivos das organizações internacionais;
5. conceituar as organizações internacionais.

Muitas pessoas se reúnem em entidades para traçar medidas que resultem no bem-estar da coletividade e adotá-las. Essas entidades podem ser associações de empresários, conselhos de condomínio, agremiações estudantis, sindicatos. Assim também fazem os países em relação às organizações internacionais. Mas que organizações são essas? Quais são suas funções no que se refere às relações internacionais contemporâneas? Qual é sua origem? Por que existem? Qual é seu âmbito de atuação?

1.1 *Identificando as organizações internacionais*

Podemos usar o termo *organização* em pelo menos dois sentidos. Um deles está ligado à ideia de método, ordem, sistematização, gestão. O outro se refere a uma entidade que reúne, de forma coordenada[1], esforços individuais e cooperativos[2] com a finalidade de realizar propósitos coletivos. Será sob este segundo aspecto que discutiremos as organizações internacionais (OIs) neste capítulo.

E quem são os integrantes ou os sócios dessas OIs? Se partirmos de um conceito tradicional de Estado[3], em que há uma nítida separação entre o interno e o internacional, facilmente concluiremos que as OIs exigem, necessariamente, a participação de sócios especiais: os Estados. Assim, podemos afirmar que, tradicionalmente[4], as OIs representam a união de esforços entre dois ou mais Estados que cooperam entre si, com a finalidade de buscar interesses comuns.

---

1 A coordenação diz respeito à integração sistemática das diferentes atividades desenvolvidas na organização.

2 A cooperação é uma relação baseada na colaboração entre os participantes para a persecução de objetivos comuns.

3 Estado é a unidade administrativa de um território. É o conjunto de instituições públicas que representam os habitantes desse território e atendem aos seus anseios. Entre essas instituições, podemos citar o governo, a Justiça, as escolas, os hospitais públicos, as Forças Armadas etc.

4 Essa é uma visão que tem sofrido modificações profundas, principalmente em razão da dificuldade que os Estados vêm enfrentando quanto às questões globais.

Vale ressaltar que entes subnacionais (regiões, províncias, estados, municípios, cidades, entre outros) têm buscado no exterior, por conta própria, recursos e cooperação técnica. Além disso, esses entes têm procurado, também, influenciar as políticas das OIs que afetam, direta ou indiretamente, as cidades. Basta pensarmos em exemplos como a rede Mercocidades[5] e o Programa das Nações Unidas para os Assentamentos Humanos (ONU-Habitat), uma agência especializada da Organização das Nações Unidas (ONU) dedicada à promoção de cidades social e ambientalmente sustentáveis. Nas palavras de Ladislau Dowbor (1997, p. 12), "constatamos que as grandes metrópoles mundiais estão adquirindo um peso novo no processo de gestão das nossas sociedades, como polos de um conjunto de atividades internacionalizadas, e como articuladoras das políticas internas".

Preste atenção!

As organizações internacionais intergovernamentais, ou seja, aquelas constituídas por Estados, não se confundem com as organizações não governamentais (ONGs), formadas pela sociedade civil[6] e que podem, eventualmente, ter interesses e atuação internacionais. Também diferem das organizações subnacionais[7], aquelas formadas por governos locais que atuam além das fronteiras nacionais.

Ao longo de nossos estudos, a sigla OIs estará se referindo sempre a organizações internacionais intergovernamentais.

---

5 Trata-se de uma rede de cooperação entre cidades da Argentina, do Brasil, do Paraguai, do Uruguai, da Venezuela, do Chile, da Bolívia, da Colômbia e do Peru. Essa rede objetiva, principalmente, viabilizar a inserção das cidades participantes no processo de integração regional do Mercado Comum do Sul (Mercosul).

6 Associações, coalizões, organizações, redes e movimentos de origem civil, desvinculados do Estado, cujo objetivo primordial é transportar os interesses particulares para a esfera pública, por meio da participação política (Cohen, 2003).

7 Uma das mais importantes organizações para os governos locais é a United Cities and Local Government (UCLG) – em português, Cidades e Governos Locais Unidos (CGLU) –, a qual se originou da fusão da Federação Mundial das Cidades Unidas (FMCU) e da União Internacional das Autoridades Locais (Uial). A CGLU, que tem sede em Barcelona, representa e defende os interesses dos governos locais na conjuntura mundial. Apoia, também, programas de cooperação entre cidades, além de auxiliar a formação de parcerias com vistas ao fortalecimento da democracia e à participação de entes locais no âmbito internacional.

Basta abrir um jornal, ouvir um noticiário ou acessar a internet para constatar a presença quase constante das OIs e das ONGs no cenário mundial. A simples observação do número de organizações atesta sua importância: mais de 66 mil existentes e cerca de 1,2 mil novas adicionadas a cada ano (UIA, 2015).

> **Para saber mais**
>
> A União das Associações Internacionais (UAI), com sede em Bruxelas (Bélgica), fundada em 1907, é um instituto de pesquisa e centro de documentação que se dedica à compilação e à divulgação de dados e informações sobre as OIs e as ONGs. Essa vasta e abrangente fonte de informações é publicada no *Yearbook of International Organizations* (Anuário das Organizações Internacionais, em tradução livre). Para mais detalhes, consulte o *site*:
>
> UIA – Union of International Associations. Disponível em: <http://www.uia.org>. Acesso em: 19 ago. 2015.

As OIs buscam, fundamentalmente, fomentar e operacionalizar a cooperação coletiva, principalmente entre os Estados, para a resolução de problemas mundiais – ou mesmo locais ou regionais, mas com efeitos globais. Daí sua principal função nas relações internacionais contemporâneas. Nesse contexto, a rede de OIs e os demais atores integram o sistema internacional[8] com vistas a garantir certa medida de governança global. De acordo com James Rosenau (2000, p. 15-16),

> A governança é um fenômeno mais amplo que governo; abrange as instituições governamentais, mas implica também mecanismos informais, de caráter não governamental, que fazem com que as pessoas e as organizações dentro da sua área de atuação tenham

---

[8] Um conjunto de elementos ou atores ligados entre si, direta ou indiretamente, de modo a formarem um todo organizado.

uma conduta determinada, satisfaçam suas necessidades e respondam às suas demandas.

A governança é o meio e o processo capaz de produzir resultados eficazes. Assim, chegamos à conceituação da Comissão sobre Governança Global:

> Governança é a totalidade das diversas maneiras pelas quais os indivíduos e as instituições, públicas e privadas, administram seus problemas comuns. [...] diz respeito não só a instituições e formas autorizadas a impor obediência, mas também a acordos informais que atendam aos interesses das pessoas e instituições. [...] No plano global, a governança foi vista primeiramente como um conjunto de relações intergovernamentais, mas agora deve ser entendida de forma mais ampla, envolvendo organizações não governamentais (ONG), movimentos civis, empresas multinacionais e mercados de capitais globais. Com estes interagem os meios de comunicação de massa, que exercem hoje enorme influência. (Comissão sobre Governança Global, 1996, p. 2)

Como chegamos à casa comum da governança global? Por meio de normas internacionais, procedimentos para a resolução de disputas, diplomacia, negociação, mediação, arbitragem, construção de mecanismos de confiança mútua, ajuda humanitária, programas assistenciais e de desenvolvimento, emprego de força militar etc.

O sistema internacional contemporâneo é composto por diversos entes, ou atores[9], que interagem entre si, ao passo que no antigo sistema internacional somente havia interação entre os Estados.

---

9 O ator internacional é qualquer autoridade, organização ou grupo de pessoas que possa estabelecer relações interpessoais no cenário internacional. Entre os atores internacionais, destacam-se os Estados, as empresas transnacionais, os entes subnacionais, as OIs e as ONGs.

> **Para saber mais**
>
> A internacionalização dos entes subnacionais é um fenômeno que tem ganho grande protagonismo na atualidade, em virtude da globalização e da descentralização do Estado. Para se aprofundar no tema, confira o seguinte artigo:
>
> FONSECA, M. G. A atuação internacional dos entes subnacionais: breve análise da condição de atores das relações internacionais e sujeitos do direito internacional. In: ENCONTRO NACIONAL ABRI: GOVERNANÇA GLOBAL E NOVOS ATORES, 3., 2011, São Paulo. **Anais**... São Paulo: Associação Brasileira de Relações Internacionais/Instituto de Relações Internacionais, 2011. Disponível em: <http://www.proceedings.scielo.br/pdf/enabri/n3v3/a16.pdf>. Acesso em: 19 ago. 2015.

As interações intra e extraestatais e os movimentos desses atores, entre eles as OIs, repercutem no ambiente que os abriga: o ambiente internacional, que é, ao mesmo tempo, jurídico, social, político, econômico, cultural e militar, fazendo as OIs desempenharem um papel de prestadoras de serviços internacionais com vistas, principalmente, à universalização dos direitos e das obrigações dos povos. A manutenção da paz, o estabelecimento da segurança coletiva, a propagação dos direitos humanos e o desenvolvimento de ações econômicas e sociais são alguns exemplos dos serviços prestados.

> **Preste atenção!**
>
> O sistema internacional contemporâneo caracteriza-se pela incansável tentativa de universalização dos direitos e das obrigações dos povos, pela frequente inserção de novos atores internacionais e, ainda, pelo fato de adotar uma política anárquica.

É válido ressaltar que a política anárquica que impera nesse sistema não se refere à ausência de ordem, mas a um Estado supranacional, um ente internacional supremo com poder central para intervir na soberania[10] de outro Estado ou para tomar qualquer decisão que interfira no cenário mundial. Dessa forma, os eventos na esfera internacional estão sob constante influência de forças potentes, como as conveniências comerciais e os arranjos políticos, o que pode, a qualquer momento, causar uma desestabilização nesse sistema. Disso também decorre o papel atual das OIs na condição de elemento estabilizador, uma vez que podem fomentar o surgimento de regimes, ou seja, sua finalidade é regular os relacionamentos entre os Estados em áreas de interesse específicas, como o regime de comércio, o regime monetário, o regime de comunicação postal, o regime de navegação e o regime de justiça. Stephen Krasner (1982, p. 1) conceitua *regime* como

> conjuntos de princípios implícitos ou explícitos, normas, regras e procedimentos de tomada de decisão em torno dos quais as expectativas dos atores convergem em dada área das relações internacionais. Princípios são crenças de fato, causalidade e integridade. Normas são padrões de comportamento definidos em termos de direitos e obrigações. Procedimentos de tomada de decisão são práticas que prevalecem no processo de implementação de opções coletivas.

Como vimos, as OIs estão inquestionavelmente presentes no cenário internacional. Sua presença, além de garantir a prestação de serviços internacionais, de acordo com teorias que procuram explicar a cooperação internacional, como a dos jogos[11], a da escolha

---

10 O ator internacional é qualquer autoridade, organização ou grupo de pessoas que possa estabelecer relações interpessoais no cenário internacional, independentemente de ter personalidade jurídica própria e de poder firmar tratados internacionais.

11 Na teoria dos jogos, a repetição promove a cooperação, pois cria uma previsibilidade mínima entre os jogadores (atores internacionais) no que se refere a quais seriam as possíveis atitudes de seus partícipes.

racional[12] e a da interdependência complexa[13] das relações internacionais, altera o padrão de comportamento do sistema, favorecendo ainda mais o ganho comum e diminuindo os riscos da anarquia internacional.

1.2 *Antecedentes históricos*

Competir e cooperar são duas ações antagônicas que sempre estiveram presentes nas relações humanas. É possível que o homem, ainda que instintivamente, sempre soubesse que a cooperação é a opção que produz melhores resultados, principalmente para a coletividade. O que não se sabia – e que se discute até os dias de hoje – era como fomentar e operacionalizar essa cooperação.

Os Estados, que alcançaram seu apogeu no século XIX, foram, e continuam sendo, modelos de organização de agrupamentos humanos. No século XX, aliás, eles se multiplicaram em grande proporção, espalhando-se por todo o globo. Mesmo na atualidade, em que muito se discute seu crescente enfraquecimento, os Estados continuam sendo os maiores detentores de poder institucionalizado. Isso se dá em razão da soberania que os diferencia dos demais atores internacionais e porque procedem da maneira que melhor convém aos interesses nacionais.

---

12 Para os adeptos dessa teoria, a cooperação será possível se os atores compartilharem interesses mútuos, se relacionarem há bastante tempo e mantiverem a coesão de um pequeno grupo durante esse período (Suhr, 1997).

13 A teoria da interdependência complexa considera que as políticas interna e externa de um Estado sofrem influências recíprocas e constantes, o que justifica o surgimento e a atuação de novos atores não estatais internacionais.

> **Para saber mais**
>
> Caso você queira se aprofundar no assunto desta seção, acesse o seguinte artigo:
>
> BENITES, L. F. R. A governamentalização do Estado contemporâneo: uma cartografia dos mecanismos estatais de controle. **Sociologias**, Porto Alegre, ano 6, n. 12, p. 274-303, jul./dez. 2004. Disponível em: <http://www.scielo.br/pdf/soc/n12/22263.pdf>. Acesso em: 19 ago. 2015.

No entanto, no plano internacional, o qual envolve uma multiplicidade de interesses nacionais, coletivos e individuais, os Estados decidiram criar – até porque não estavam dando conta de todas as contingências da modernidade – novas instituições não nacionais (portanto, externas), capazes de levar adiante ações tendentes a convergir para os interesses comuns. Dessa forma, as OIs despontaram com o objetivo principal de atender às necessidades da comunidade internacional, as quais já não eram atendidas pelos Estados. Celso Mello (2002, p. 583) enfatiza: "Tem havido uma verdadeira proliferação de organizações internacionais e isto parece ocorrer quando os Estados se encontram na impossibilidade, por razões estruturais ou políticas, para realizar seus objetivos em um quadro determinado e assim procuram formar um novo quadro".

Em um primeiro momento, a coordenação partiu de bases bilaterais, levando-se em conta as relações entre dois Estados, normalmente vizinhos. Na época, os Estados, tomados por uma preocupação com a manutenção da paz, estabeleciam normas internacionais de convivência pacífica, normalmente de cunho negativo e não intervencionista. Nessa ocasião, também, prevaleciam as convenções e as reuniões interestatais sem a criação de órgãos permanentes, ou seja, com pouca ou nenhuma institucionalização. Daí surgiram, por exemplo, os acordos sobre dupla nacionalidade, imunidade diplomática, extradição e delimitação de territórios contíguos. Segundo observa Marie-Claude Smouts (2004, p. 131), "até a Primeira Guerra Mundial, o direito foi essencialmente um direito de coexistência".

De toda sorte, o surgimento de novas questões que demandavam soluções mais abrangentes, envolvendo um número cada vez maior de Estados, desencadeou as primeiras conferências internacionais que redundaram em tratados multilaterais. O Concerto da Europa, que iniciou com o Congresso de Viena de 1815, após o fim das Guerras Napoleônicas, foi um importante sistema de conferência e codificação de regras internacionais. Entretanto, essas conferências e esses tratados mostraram-se insuficientes para resolver as inúmeras questões emergentes, o que levou à criação de organizações dotadas de instituições.

> No início do século XIX, um certo número de Estados é convencido de que, em razão da natureza dos interesses comuns que começam a surgir, seria menos onerosa e mais prática a constituição de órgãos internacionais permanentes em vez de continuar reunindo conferências diplomáticas de maneira pontual e descontínua, como haviam feito até então. (Seitenfus, 2012, p. 32)

No fim do século XIX, as OIs tornaram-se uma realidade em expansão, principalmente em virtude do crescimento quantitativo e qualitativo (economia, sociedade, cultura etc.) dos Estados. Por um lado, o número de Estados aumentou significativamente, porém as revoluções tecnológicas, sociais e econômicas, que se alastraram por todo o planeta, trouxeram consigo um alargamento das diferenças de poder, de desenvolvimento e de valores entre os próprios Estados. Por outro lado, a interdependência dos Estados sofreu, igualmente, considerável aumento, em razão do surgimento de novas necessidades nos âmbitos nacionais, regionais e globais. Acrescentemos, ainda, que inúmeras relações outrora exclusivamente de cunho nacional e tratadas no âmbito interno dos Estados sofreram vertiginosas transformações, como foi o caso dos transportes[14], das comunicações internacionais e da criação de redes complexas de comércio global. Assim, os Estados se conscientizaram de que muitos de seus problemas não poderiam ser resolvidos pelas instituições então existentes. O crescimento das atividades coletivas do Estado determinou o surgimento de entidades que não são Estados, as quais passaram a intervir no sistema internacional (Heredia, 1999). A criação, em 1899, de uma Corte Permanente de Arbitragem[15] (CPA) e a adoção, em 1907, de uma Resolução Pacífica de Disputas[16], ambas obtidas nas conferências de Paz de Haia, são os resultados institucionais embrionários mais concretos desse processo intervencionista.

Sobre a interferência das OIs no sistema internacional, é pertinente o escólio de Antônio Medeiros (1994, p. 273):

> Nascidas para atender a certas necessidades comunitárias, as organizações provocaram acentuada modificação no regime clássico das relações internacionais, dando origem à "diplomacia parlamentar" e ensejando a passagem de uma sociedade interestadual fechada para uma sociedade aberta. Isto não significa, porém, que o desenvolvimento das organizações internacionais deva ser interpretado como expressão de um processo acelerado rumo à integração terminantemente orgânica e unitária do gênero humano em um "Estado Mundial", mas apenas que, tanto em seus elementos componentes (estrutura) como em suas formas de relacionamento (dinâmica), a sociedade internacional, basicamente interestatal, precisou retificar seu perfil clássico e ajustar-se [...] a uma nova realidade [...].

---

14 Veremos com mais detalhes, no Capítulo 6, o papel das OIs no trânsito.

15 Não se trata de uma corte ou de um tribunal, mas de uma instituição permanente dedicada à arbitragem internacional, ou seja, à solução de disputas mediante a aplicação de regras previamente escolhidas pelas partes, por julgadores (árbitros) por elas escolhidos.

16 Trata-se de uma convenção na qual os signatários se comprometeram a adotar meios pacíficos para a solução de conflitos. Depois desse "compromisso", a legitimidade da guerra como solução de conflitos entre Estados começou a ser questionada, passando a ser uma exceção.

Entre as razões que levaram ao surgimento das OIs, destaca-se aquela de caráter técnico. As conquistas técnicas do século XIX (barco a vapor, estradas de ferro, telégrafo, cabo submarino etc.) fomentaram o clima essencial para a cooperação entre os Estados. Um exemplo disso foi a criação, a partir do aumento da demanda no campo das comunicações multilaterais, da União Telegráfica Internacional (1865); outros se referem às seguintes instituições: União Postal Universal (1874), União para a Proteção da Propriedade Intelectual (1883), União das Ferrovias (1890), União da Repartição Central dos Transportes Internacionais (1890).

O Tratado de Versalhes de 1919, que também criou a Organização Internacional do Trabalho (OIT), pôs fim, oficialmente, à Primeira Guerra Mundial. Nessa ocasião, assistiu-se à formação da Sociedade das Nações, mais conhecida como Liga das Nações, baseada nos princípios da segurança coletiva e da igualdade entre os Estados. Acreditava-se que os conflitos entre Estados poderiam ser evitados se houvesse uma instituição internacional permanente, encarregada de negociar e garantir a paz. Contava-se, pela primeira vez, com uma OI universal especialmente voltada para a segurança coletiva[17].

Segundo Mônica Herz e Andrea Hoffmann (2004, p. 81-82),

> Embora a Liga não tenha sido desenhada para lidar com questões econômicas e sociais, a organização exerceu algumas funções nesse campo. Ela foi um fórum para a discussão dos problemas econômicos globais, tendo sido realizadas uma série de conferências internacionais que, contudo, geraram nenhum resultado, em um momento no qual a economia mundial encontrava-se em crise. O esforço de reconstrução e estabilização da Áustria, assim como o envolvimento em atividades similares na Hungria, Bulgária e Grécia, tiveram algum sucesso. As uniões públicas não chegaram a ser incorporadas, como havia sido inicialmente previsto, mas foram criados órgãos para lidar com questões técnicas, educacionais

---

17 Tema que será abordado com mais detalhes na subseção seguinte.

e humanitárias. A Organização da Saúde e a Organização de Comunicação e Trânsito, comitês para lidar com problemas como o tráfico de drogas, refugiados, o tráfico de mulheres e de crianças e cooperação intelectual, entre outros, são exemplos.

A Liga das Nações, no entanto, viu seu intento fracassar em decorrência da onda de violência que se espalhou pela Europa nos anos de 1930, culminando na eclosão da Segunda Guerra Mundial. A ausência dos Estados Unidos na sociedade, por comprometer sua universalidade e operacionalidade, já havia enfraquecido a Liga. A incapacidade de neutralizar algumas tensões mundiais, como a agressão japonesa à China (Manchúria), em 1931, e a invasão e a anexação da Abissínia (Etiópia) por Mussolini (Itália), em 1935, retirou-lhe grande parte da credibilidade. Além disso, a exigência de unanimidade[18] entre os membros do Conselho e da Assembleia, o caráter meramente recomendatório das decisões de seus órgãos, a inexistência de mecanismos concretos de coerção militar e a falta de definições precisas a respeito de quando deveriam agir contribuíram muito para a ineficácia do sistema criado pela Liga. Entretanto, o início da Segunda Guerra Mundial, em 1939, após a invasão da Polônia pelo exército nazista, assinalou o fracasso definitivo da Liga das Nações.

Esse fracasso (e a consequente extinção) da Liga, contudo, não significa que as relações internacionais no campo da guerra e da paz prescindam de uma OI. Os norte-americanos, vencedores da Segunda Guerra, valeram-se das lições aprendidas com o fracasso da Liga e instituíram oficialmente, em 1945 (Conferência de São Francisco), a ONU com a finalidade primordial de fomentar a paz e a segurança internacionais, desenvolvendo relações amistosas entre as nações. Expõem Adam Roberts e Benedict Kingsbury (2003, p. 18): "Quando a ONU foi estabelecida, no imediato pós-Segunda Guerra Mundial, seu objetivo era, acima de tudo, a manutenção da paz".

---

18 No Capítulo 4, trataremos das vantagens e das desvantagens de se adotar uma unanimidade plena.

A estruturação inicial da ONU, portanto, foi marcada pela afirmação da hegemonia norte-americana no Ocidente e pelo início da Guerra Fria. Foi nessa ocasião, aliás, que os Estados procuraram unir forças em organizações com objetivos quase exclusivamente militares. Como exemplos, podemos citar a Organização do Tratado do Atlântico Norte (Otan), que concretizou uma aliança político-militar entre os países ocidentais, e o Escritório de Informação dos Partidos Comunistas e Operários (Kominform), que uniu os principais partidos comunistas europeus e gerou o bloco da Cortina de Ferro.

Quando a ONU foi fundada, em 24 de outubro de 1945, ficou definido em seu documento constitutivo, a Carta das Nações Unidas, que, para atingir seus objetivos, a organização teria seis órgãos principais: o Conselho Econômico e Social das Nações Unidas (Ecosoc), o Conselho de Segurança (CS), o Conselho Tutelar[19] (CT), a Assembleia Geral (AG), a Corte Internacional de Justiça (CIJ) e o Secretariado. O sistema da ONU foi constituído, também, por diversos organismos (agências[20] ou instituições especializadas, órgãos subsidiários, comissões, programas específicos, entre outros).

> **Para saber mais**
>
> O Departamento de Informação Pública (DPI), organismo vinculado ao Secretariado da ONU, publicou em abril de 2011 o organograma atualizado do sistema ONU. Confira:
>
> ONU – Organização das Nações Unidas. Departamento de Informação pública das Nações Unidas. **Organograma do sistema ONU**. Abr. 2011. Disponível em: <http://nacoesunidas.org/organismos/organograma>. Acesso em: 24 ago. 2015.

---

19 Em 19 de novembro de 1994, diante do encerramento do acordo de tutela sobre o território de Palau (último território sob a tutela da ONU), o CT suspendeu suas atividades.

20 São organismos vinculados à ONU, apesar de conservarem uma independência jurídica e de conteúdo, dotados de competência nos assuntos relacionados em seu tratado constitutivo.

É importante salientar que o surgimento dos organismos internacionais especializados foi marcado por duas fases distintas. A primeira, em meados do século XIX, fomentada pelo capitalismo na Europa, coincide com a criação de agências facilitadoras para a solução de problemas de ordem técnica, mormente nas áreas de comunicação, transporte e produção e comercialização de bens. Na segunda fase, a partir do fim da Segunda Guerra Mundial, as agências ampliaram seu escopo, voltando esforços para a promoção do desenvolvimento dos povos considerados economicamente atrasados. Ricardo Seitenfus (2012, p. 185) esclarece que,

> Após 1945, tanto os organismos especializados quanto as Nações Unidas tomaram iniciativas através de programas de ajuda financeira e de assistência técnica. Com isso conseguiram, mesmo tratando-se de projetos empíricos, indicar duas funções essenciais do sistema de cooperação internacional que começa a desenhar-se: a operacionalização e a normatização, isto é, a necessidade de regulação através de normas. Somente alguns anos mais tarde, a partir de uma indispensável autocrítica, os projetos de cooperação passaram a preocupar-se com a racionalidade das iniciativas para o desenvolvimento.

O fim da Guerra Fria implementou outras mudanças no cenário mundial. Nas palavras de Herz e Hoffmann (2004, p. 29-30),

> O final da Guerra Fria trouxe consigo o crescimento do número de países que compõe as OI e um otimismo inicial sobre o papel dessas, deflagrado com a intervenção no Iraque em 1991, sob a bandeira da ONU, e a Conferência sobre o Meio Ambiente no Rio de Janeiro em 1992. A ONU, a OTAN e a Organização para Segurança e Cooperação na Europa, por exemplo, incorporaram um número grande de países sucessores da União Soviética. Outras organizações perderam importância o Pacto de Varsóvia e o Conselho para assistência Econômica Recíproca encerraram suas atividades em 1991, um exemplo raro de extinção de organizações internacionais.

Ao lado das OIs eminentemente militaristas, intensificados com o fim do mundo bipolar e o desenvolvimento de relações comerciais múltiplas, proliferaram-se, especialmente, os blocos econômicos regionais, os quais, entre outras ações, reduziram as barreiras entre os países participantes ou até as eliminaram. O surgimento dos blocos econômicos e o enfraquecimento de alguns Estados foram resultado de um intenso processo de integração: a globalização[21], que aumentou a competitividade e reduziu a soberania dos Estados. Os blocos têm como principal finalidade facilitar o comércio entre seus integrantes, além de buscar soluções comuns para problemas de ordem social, econômica, política e comercial, combatendo, dessa forma, ainda que parcialmente, os efeitos maléficos da globalização.

Entre as ações mais comuns desses blocos estão a redução ou a isenção de impostos ou de tarifas alfandegárias e também a criação de direitos comuns. Nesse contexto, formou-se, em 1944, um dos primeiros blocos, o Benelux, um acordo de cooperação intergovernamental, inicialmente sob a forma de união aduaneira, firmado entre Bélgica, Holanda e Luxemburgo. A iniciativa unificadora desses três países é tida como o movimento embrionário da atual União Europeia (UE). Da junção do Benelux com a Alemanha Ocidental, a França e a Itália, com o objetivo de administrar um recurso energético fundamental à época – o carvão mineral –, formou-se a Comunidade Europeia do Carvão e do Aço (Ceca). Do somatório do Benelux com a Ceca surgiu a Comunidade Econômica Europeia (CEE), em 1957. A UE, por sua vez, foi criada em 1991 (Tratado de Maastricht) e representou um avanço no processo de integração regional[22], em decorrência do alargamento das competências da CEE, especialmente no que se refere à implementação

---

21 Processo que promove a integração e a interconexão internacional. Nas palavras de David Held (1999, p. 16), a globalização é "um processo (ou uma gama de processos) que incorporam uma transformação na organização espacial das relações sociais e das transações".

22 Na subseção seguinte, trataremos da integração regional como uma das formas de atuação das OIs.

de políticas externa e de segurança comuns a seus participantes, além da cooperação no âmbito da justiça e de assuntos internos. O sucesso da UE, que conseguiu até mesmo incorporar alguns países menos favorecidos, como Grécia, Malta, Chipre, Eslovênia, Letônia, Lituânia, República Tcheca e Eslováquia, concedeu expressiva ajuda financeira, fruto de uma integração que evoluiu ao longo do tempo e se consolidou em um promissor bloco econômico.

A multiplicação dos blocos econômicos regionais constitui um dos fenômenos mais marcantes do pós-Guerra Fria. Atualmente, ao lado da UE, coexistem o Acordo de Livre Comércio da América do Norte (Nafta), o Mercado Comum Centro-Americano (MCCA), o Mercado Comum do Sul (Mercosul), a Cooperação Econômica Ásia-Pacífico (Apec), entre outros.

No início do século XX, as OIs se multiplicaram, adquiriram vontade própria, firmaram raízes e se institucionalizaram. Podemos notar que, em um primeiro momento, as OIs eram rudimentares e essencialmente técnicas. Com o passar do tempo, porém, ampliaram e diversificaram seu campo de atuação, incluindo uma infinidade de temas relacionados às mais diversas atividades humanas. Entre os temas atuais, destacam-se a promoção de alguns direitos fundamentais: igualdade, humanização, democratização, dignidade, defesa do meio ambiente, acesso à informação, entre outros.

Os Estados criaram uma estrutura permanente e cômoda de consulta, diálogo, operacionalização, resolução, assistência e cooperação multidisciplinar. A Figura 1.1 apresenta o modelo clássico de integração centralizado no Estado. Podemos perceber que o paradigma clássico de integração traz os Estados como centro das relações interestatais, cabendo às OIs o papel de agente integrador.

Figura 1.1 – Modelo de integração centralizado no Estado

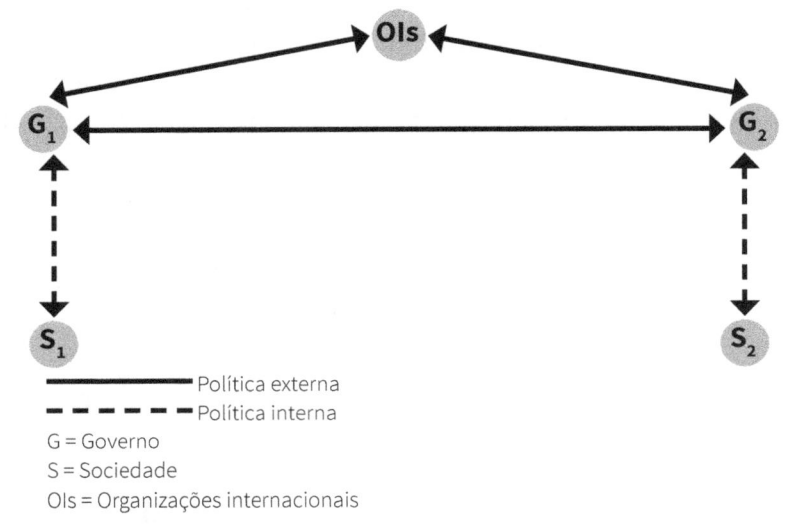

```
              OIs
           ↗  ↑  ↖
          ↙   ↓   ↘
    G₁ ←――――――――――→ G₂
    ↕                ↕
    ⋮                ⋮
    ↕                ↕
    S₁               S₂
```

────── Política externa
- - - - - Política interna
G = Governo
S = Sociedade
OIs = Organizações internacionais

Fonte: Adaptado de Nye; Keohane, 1971, p. 333.

No cenário internacional contemporâneo, no entanto, o Estado não reina mais de maneira absoluta, tal como preconizado pela teoria realista das relações internacionais[23]. Há uma tendência de as OIs e de outros atores internacionais estabelecerem estruturas integradoras[24] supranacionais, o que não significa, necessariamente, o desaparecimento ou o deslocamento dos Estados nacionais. Observamos, porém, que a evolução das OIs e de outros atores internacionais poderá ocasionar o movimento em direção a uma governança global, uma vez que é necessário propor soluções a problemas globais que os Estados, de forma isolada, não conseguem resolver. Passamos, assim, de um modelo de interação centralizado no Estado para um novo modelo marcado pelo globalismo, conforme representado na Figura 1.2.

---

[23] De acordo com essa teoria, os Estados, autoridades supremas, assumem posição de centro, são atores unitários no sistema internacional, os quais buscam maximizar ganhos e minimizar perdas.

[24] A integração evidencia-se a partir da criação de uma estrutura institucional autônoma e independente, capaz de ditar e aplicar normas tidas como obrigatórias a todos os membros. Veremos mais detalhes sobre a supranacionalidade no próximo capítulo.

Figura 1.2 – Modelo marcado pelo globalismo

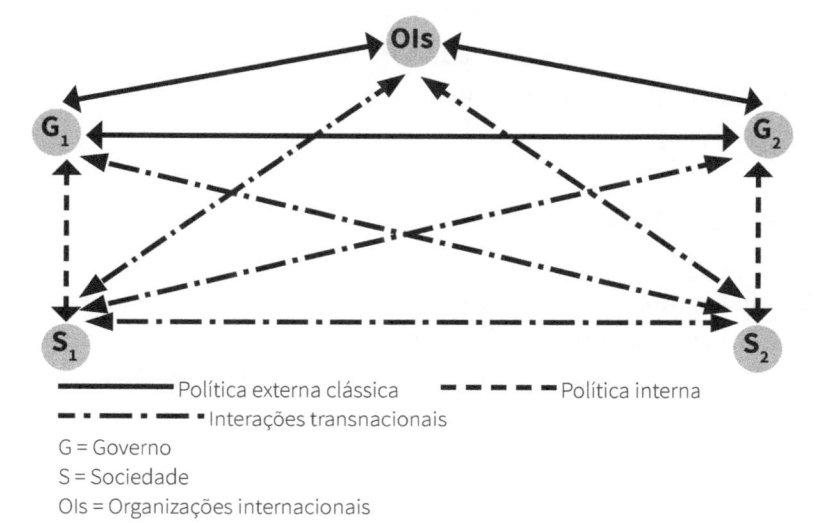

———— Política externa clássica   – – – – Política interna
–·–·–·– Interações transnacionais
G = Governo
S = Sociedade
OIs = Organizações internacionais

Fonte: Adaptado de Nye; Keohane, 1971, p. 334.

Não é difícil notar, também, que as mudanças importantes no cenário mundial modificam drasticamente o ambiente no qual as OIs operam; logo, estas estão em constante transformação, desenvolvendo mecanismos que visam afastar tendências unilaterais e ímpetos egocêntricos dos Estados.

Por fim, há um fenômeno que se acentuou nas últimas duas décadas do século XX e que não pode ser ignorado: a intensificação da participação, nas relações internacionais, de outros atores que não os Estados, em especial as ONGs, os entes subnacionais e as empresas transnacionais. Nesse passo, as próprias OIs têm atuado em regime de cooperação internacional com outros atores internacionais. A Organização Mundial da Saúde (OMS), a Organização das Nações Unidas para Alimentação e Agricultura (FAO) e a Organização das Nações Unidas para a Educação, a Ciência e a Cultura (Unesco), por exemplo, constituem organizações preferenciais para o financiamento de operações que são executadas por municípios ou ainda por ONGs. Merece destaque, também, o Pacto Global, uma iniciativa da ONU que busca mobilizar a comunidade empresarial internacional para adotar políticas de responsabilidade social, visando à construção de um mercado global mais inclusivo e sustentável.

1.3 *Âmbito de atuação*

A globalização, entendida como um fenômeno não exclusivamente econômico, mas que envolve também aspectos sociais, culturais, políticos, militares e pessoais, transformou significativamente as relações internacionais. Trouxe como consequência uma mudança no papel do Estado nacional (não a extinção, mas certamente uma reconfiguração), deslocando parte do poder deste no sentido de padrões globais (Pierik, 2003). Os Estados perderam, portanto, o monopólio da condução das relações internacionais, cedendo lugar a outros atores.

Foi pela via do multilateralismo[25], em especial por intermédio das OIs, que os Estados passaram a buscar, conjuntamente, a realização de objetivos comuns. Abriu-se, dessa forma, um vasto campo de atuação para as OIs e, consequentemente, uma multiplicidade de ações a serem desenvolvidas por essas instituições. Quatro são os principais âmbitos ou domínios de atuação das OIs:
1. **Gestação e legitimação**[26] **de normas comuns**: envolve a criação de ambientes e de oportunidades para que as negociações possam se desenvolver, além da instauração de uma máquina administrativa (estrutura funcional e burocracia permanente) para materializar as decisões que venham a ser equalizadas. Herz e Hoffmann (2004) sustentam que a

---

25 Envolve a participação de vários atores – Estados, OIs, ONGs, entes subnacionais, empresas multinacionais, entre outros – no trabalho em conjunto sobre determinado tema.

26 Designa o reconhecimento e a aquiescência, por parte das instituições do poder, de que determinada norma seja efetivamente acatada e cumprida.

existência de uma burocracia permanente possibilita uma reação rápida em momentos de crise e favorece a elaboração de assistência técnica, ajuda humanitária e cooperação científica. As OIs também podem favorecer a legitimação das normas, fazendo que os atores do sistema internacional as respeitem, tanto voluntária quanto coercitivamente. Isso é possível, por exemplo, quando se consegue criar um sentimento de reciprocidade e de confiança entre os atores, ou quando lhes são impostas sanções[27], ou, até mesmo, com o uso de força militar.

Para saber mais

Para a efetividade do sistema, a simples assinatura de normas internacionais não é suficiente se elas não forem cumpridas. É oportuno, portanto, entender o que leva os Estados a aquiescer ou não, a respeitar ou não as normas internacionais. Há pelo menos dois grupos de teóricos que abordam o tema da aquiescência: os teóricos do *enforcement* (coerção), que têm seu foco na estratégia coercitiva de monitoramento e sanções, e os teóricos do *management* (administração), os quais utilizam uma abordagem fundada na capacitação, na transparência e na interpretação de regras. Para um maior aprofundamento sobre o tema, consulte o trabalho de Regina Kfuri Barbosa (2006) que trata sobre o papel das OIs na aquiescência:

BARBOSA, R. K. **O papel das organizações internacionais na aquiescência**: um estudo de caso sobre o alargamento europeu. 112 f. Dissertação (Mestrado em Relações Internacionais) – Pontifícia Universidade Católica do Rio de Janeiro, Rio de Janeiro, 2006. Disponível em: <http://www.maxwell.vrac.puc-rio.br/9124/9124_1.PDF>. Acesso em: 24 ago. 2015.

---

[27] Representa a consequência, normalmente punitiva e negativa, prevista na norma para aquele que a desrespeita ou a descumpre.

2. **Cooperação técnica**: é voltada à aproximação de posições e à promoção de iniciativas conjuntas nos âmbitos social, científico, educacional, cultural e econômico, sem interferências em assuntos de natureza política[28]. Trata-se da transferência, sem conotação comercial, de técnicas e conhecimentos a atores de nível desigual de desenvolvimento. Envolve a idealização de programas e a realização de projetos com a participação de pessoal especializado (cientistas, técnicos, peritos, pesquisadores, engenheiros, entre outros) e a utilização de recursos específicos (receita financeira, treinamento, material bibliográfico, equipamentos, pesquisa, entre outros). O apoio técnico, a formação de pessoal capacitado, a ajuda financeira, a transferência de tecnologia e a doação de equipamentos e materiais são alguns dos mecanismos utilizados na operacionalização da cooperação técnica. A Carta das Nações Unidas de 1945, que foi incorporada ao ordenamento[29] jurídico brasileiro pelo Decreto n. 19.841, de 22 de outubro de 1945, em seu art. 56, dispõe que os Estados-membros se comprometem a cooperar para promover o progresso e o desenvolvimento econômico e social (Brasil, 1945), com o fim de criar condições de estabilidade e bem-estar mundiais. Nesse caso particular, a ONU assumiu um papel ativo na promoção da cooperação técnica internacional, criando uma rede interligada de órgãos[30] ou de instituições especializadas, por exemplo:

---

28 Herz e Hoffmann (2004) salientam que as OIs que se dedicam à cooperação técnica não estão imunes a disputas políticas. Citam dois exemplos ilustrativos: a) a crise de 1970, que desencadeou disputas específicas sobre a abrangência das atividades da Unesco; b) o antagonismo atual, que se concentra entre os Estados Unidos, a UE e o Japão a respeito da adoção de padrões técnicos na área de telecomunicações no âmbito de atuação da União Internacional de Telecomunicações (UIT).

29 Conforme a concepção adotada pelo ordenamento jurídico brasileiro com relação à incorporação das normas internacionais, apesar de não haver a exigência de que sejam transformadas em leis internas, é obrigatória a realização de um ato formal de internalização (decreto presidencial) para que passem a existir no âmbito interno.

30 Apesar de cada órgão ou instituição ter sua área de atuação definida e delimitada em seus respectivos documentos constitutivos, atuam, em cooperação, em outras áreas correlatas. Por exemplo, a FAO, a OIT, a Agência Internacional de Energia Atômica, a Unesco, a Organização Mundial do Comércio e o Banco Internacional para Reconstrução e Desenvolvimento firmaram acordos de cooperação com a OMS e realizam, conjuntamente, vários projetos relacionados à saúde.

a OMS, que combate as epidemias; a FAO, a qual busca a melhoria da produtividade agrícola; a União Internacional de Telecomunicações (UIT), que desenvolve padrões técnicos, operacionais, contábeis e tarifários para os serviços de telecomunicações; o Fundo Monetário Internacional (FMI), o qual promove a estabilidade das moedas; a Unesco, que divulga o conhecimento científico, educacional e cultural; ou, ainda, a OIT, que discute, formula, introduz, supervisiona e divulga direitos mínimos no campo do trabalho.

3. **Segurança coletiva**: refere-se à cooperação na área da segurança[31], com vistas a garantir que determinado Estado não interfira ou mesmo abale a soberania e/ou a integridade de outro. As OIs integram o sistema de segurança coletiva que busca reunir compromissos a fim de inibir, evitar ou suprimir a agressão de um Estado contra o outro. Além disso, o sistema de segurança coletiva disciplina as normas internacionais relacionadas à guerra e ao uso da força, por exemplo: as armas que podem ser utilizadas, os direitos dos prisioneiros de guerra etc. As operações de paz e o apoio às negociações internacionais, como aquelas direcionadas à formação de alianças, coalizões ou acordos de desarmamento, são algumas das possíveis ações das OIs. Nesse contexto, não podemos deixar de destacar o relevante papel da ONU, por intermédio de um de seus órgãos, o Conselho de Segurança das Nações Unidas (CSNU). A principal responsabilidade do CSNU, de acordo com o art. 24 da Carta das Nações Unidas, é manter a paz e a segurança mundiais

---

31 O conceito de segurança pode variar de acordo com a percepção de cada Estado sobre ameaças, riscos e estabilidade, o que afasta uma conceituação generalista ou objetiva. Além do mais, as noções de segurança coletiva foram tradicionalmente associadas a estratégias militares. Com a ascensão, no ambiente internacional, das temáticas econômicas, ambientais e humanitárias, uma abordagem mais ampla de segurança emergiu. Basta observarmos que questões econômicas, sociais e ambientais também podem tornar-se ameaças, pondo em risco a estabilidade. Dessa forma, consideraremos a segurança coletiva como o conjunto de fatores multidisciplinares que pode interferir na preservação da existência de um Estado, comprometendo a paz entre os povos.

(CSNU, 1945). Para isso, atua tanto na identificação de ameaças à paz, de rupturas da paz ou de atos de agressão quanto na recomendação ou na adoção de medidas amistosas ou coercitivas.

> **Pense a respeito**
>
> É fácil perceber que nem sempre o CSNU consegue agradar a todos, pois sua legitimidade (reconhecimento, aquiescência internacional) em missões de paz ou intervenções humanitárias está diretamente relacionada à interpretação que dá ao que pode ser considerado uma ameaça à paz, uma ruptura da paz ou uma agressão.

4. **Integração regional**[32]: diz respeito à cooperação em diversas áreas: econômica, social, política, cultural etc., com vistas à unificação, ou seja, à formação de um todo, um bloco, como a UE, o Mercosul e a Organização dos Estados Americanos (OEA). Essa integração promove o diálogo entre os atores dentro de um limite geográfico ou geopolítico restritivo. A Carta das Nações Unidas, em seu art. 52, até mesmo incentiva a criação de OIs – desde que compatíveis com os propósitos e os princípios da ONU – destinadas a tratar de assuntos relativos à manutenção da paz e da segurança internacionais que forem suscetíveis de uma ação regional. Áreas de livre comércio, uniões aduaneiras, mercados comuns ou uniões monetárias são exemplos de mecanismos de integração econômica e não se confundem com as OIs propriamente ditas. Estas têm sedes permanentes para administrar suas atividades, enquanto aqueles, além de não terem sede,

---

32 Para Herz e Hoffmann (2004, p. 160), trata-se de "um processo dinâmico de intensificação em profundidade e abrangência das relações entre atores levando à criação de novas formas de governança político-institucionais de escopo regional". Visa, fundamentalmente, incrementar a competitividade, facilitar as trocas comerciais, aumentar a coesão política, construir melhores infraestruturas, eliminar barreiras, criar postos de trabalho e diversificar a economia de determinada região. Não envolve, normalmente, atividades no âmbito universal/global, porém pode incorporar membros de mais de uma região.

resultam de acordos regionais de comércio. Ao surgimento concomitante das OIs e dos acordos regionais dá-se o nome de *regionalismo*.

1.4 *Conceituação*

Alguns estudiosos afirmam não existir uma noção unanimemente aceita sobre o que se deve entender por *organização internacional*. Todavia, algumas características comuns das OIs[33] diferenciam-nas de outros atores. Como vimos anteriormente, as OIs são entidades com papel e âmbito de atuação típicos, formadas por Estados soberanos.

A obrigatoriedade de os Estados integrarem, como membros, as OIs está expressa no art. 2º, I, da Convenção de Viena sobre o Direito dos Tratados, de 1969, introduzida em nosso ordenamento pelo Decreto n. 7.030, de 14 de dezembro de 2009, o qual define que as OIs são organizações intergovernamentais (Brasil, 2009). Nada impede, no entanto, que outros atores, países não necessariamente reconhecidos como Estados soberanos, sejam acolhidos como membros. É o caso de Mônaco, que confia parte expressiva de sua competência à França, mas que, independentemente disso, pode ser e é membro de certas OIs, nomeadamente da ONU e da Unesco. A heterogeneidade das OIs admite, além dos Estados, a participação de diversos sujeitos de direito internacional, entre eles as próprias OIs. Como exemplo, podemos anotar a participação da UE na FAO.

Assim, a assertiva de que as OIs são associações constituídas exclusivamente por Estados soberanos não é assim tão rígida.

---

[33] Lembrando que estamos nos referindo às organizações internacionais intergovernamentais ou interestatais.

Quanto ao instrumento constitutivo, o art. 5º da Convenção de Viena sobre o Direito dos Tratados (Brasil, 2009) deixa transparecer que as OIs são constituídas por meio de um tratado internacional. Valério de Oliveira Mazzuoli (2001) nos apresenta os elementos constitutivos de um tratado internacional:

- feito acordo internacional: expressão da livre manifestação dos acordantes;
- celebrado por escrito: diferente dos costumes, exige forma específica – a escrita;
- concluído por entes capazes de assumir direitos e obrigações no âmbito externo: os Estados e as OIs detêm essa prerrogativa;
- regido pelo direito internacional: normas que regulam as relações externas dos atores que integram o sistema internacional;
- celebrado em instrumento único ou em dois ou mais instrumentos conexos: além do texto principal do tratado, podem existir outros que o acompanham, a exemplo dos protocolos adicionais e dos anexos que, na maioria das vezes, são redigidos concomitantemente à produção do texto principal;
- ausente de denominação particular: independentemente da denominação que se utilize (declaração, convenção, carta, protocolo, ato, pacto, ajuste, convênio e outros), o que se deve levar em conta são os efeitos jurídicos produzidos entre as partes contratantes.

O tratado constitutivo, ou seja, o acordo entabulado entre os membros fundadores, é requisito de existência das OIs. Esse tratado, aliás, é regido por normas de direito internacional – entre outras, pela própria Convenção de Viena. A criação e o funcionamento de uma OI, portanto, depende do tratado constitutivo, ato fruto da expressão da vontade de seus participantes, que estabelece, além de direitos e obrigações, os objetivos a serem trilhados e os meios para alcançá-los. Segundo Seitenfus (2012, p. 32),

A existência de uma organização internacional pressupõe a manifestação da vontade dos sócios. Portanto, o voluntarismo deve ser acrescido da formalização jurídica obtida através da assinatura de um tratado que implica a responsabilidade estatal. Do ponto de vista jurídico, tem duplo sentido a natureza do tratado que origina uma organização internacional. Pelo prisma formal, ele possui as características próprias de um acordo e, materialmente, representa ao mesmo tempo um tratado e uma espécie de Constituição, eis que determina a estrutura e o funcionamento de um novo ente autônomo.

Perceba a diferença: o Estado estabelece, precipuamente, direitos e obrigações para todas e quaisquer relações que possam surgir, como normas de direito tributário, empresarial, penal, civil e outras mais. Já as OIs limitam-se aos tratados que as instituíram, aos objetivos definidos nesse instrumento. A Organização Mundial do Comércio (OMC), por exemplo, preocupa-se com o comércio internacional, sem desenvolver, necessariamente, ações diretas sobre intervenções militares.

Preste atenção!

O tratado constitutivo de uma OI gera efeitos internos (regulação da estrutura, criação de órgãos, delimitação da área de atuação, fixação de objetivos etc.) e externos (representados, primordialmente, pela legitimação e pela segurança perante a comunidade internacional[34]). A perseguição desses efeitos externos, aliás, é a principal razão do ingresso nas OIs de alguns Estados menos abastados ou fortalecidos.

De acordo com Paul Reuter (1972), os Estados têm uma desigualdade quantitativa, em virtude de extensão territorial, população, produção etc., e uma igualdade qualitativa, pois, independentemente do poderio econômico ou da extensão territorial, seus

---

34 Meio no qual convivem os atores inseridos no sistema internacional.

objetivos são sempre os mesmos, baseados na paz, na segurança e no bem-estar de seu povo. Já as OIs, ainda conforme Reuter (1972), gozam tanto de desigualdade quantitativa, em razão do número de membros, orçamento, alcance geográfico etc., quanto de desigualdade qualitativa, baseada nos diversos objetivos estabelecidos quando de sua criação (fomento ao comércio, paz, desenvolvimento social, proteção ao meio ambiente etc.).

Já vimos que a existência – e mesmo o desenvolvimento – de uma OI que tem natureza intergovernamental está condicionada à conjugação da vontade de seus membros, materializada por tratados firmados em conformidade com as normas e os padrões clássicos do direito internacional. Para completarmos os elementos conceituais, falta-nos analisar a composição, a personificação e a manifestação de vontade das OIs.

As OIs são compostas por aparatos técnico-administrativos (burocracia), têm orçamento próprio e, em geral, ocupam instalações físicas. Como não têm base territorial própria, dependem de que um Estado ceda, por meio do chamado *acordo de sede*, parte de seu território para ali se constituir a instalação física dessas organizações.

> **Para saber mais**
>
> Como exemplo, leia o Decreto n. 5.819, de 29 de junho de 2006, que introduziu o Acordo de Sede entre o Governo da República Federativa do Brasil e a Organização do Tratado de Cooperação Amazônica (OTCA), celebrado em Brasília, em 13 de dezembro de 2002.
>
> BRASIL. Decreto n. 5.819, de 26 de junho de 2006. **Diário Oficial da União**, Poder Executivo, Brasília, DF, 27 jun. 2006. Disponível em: <http://www.planalto.gov.br/ccivil_03/_Ato2004-2006/2006/Decreto/D5819.htm>. Acesso em: 24 ago. 2015.

É de suma importância, também, que as OIs sejam dotadas de instituições[35], ou seja, de órgãos permanentes com personalidade jurídica[36] internacional que permitam a assinatura de acordos de sede e confiram continuidade a suas atividades e consecução a seus objetivos. Aliás, o caráter permanente das OIs as distingue de outras formas de cooperação internacional com um nível mais baixo de institucionalização. Quanto ao nível de institucionalização das OIs, leciona Seitenfus (2012, p. 32):

> A mais simples e primária forma de institucionalização consiste em formar um restrito secretariado administrativo, sob a responsabilidade, por vezes rotativa, de um dos sócios. A mais complexa e avançada se reflete na delegação de competência e poderes dos Estados-Membros para um órgão supranacional, capacitado a impor as decisões e controlar sua forma de aplicação. Como exemplo atual e marcante, serve uma parte da estrutura orgânica da União Europeia – a Comissão Europeia e o Tribunal de Luxemburgo.

Em termos gerais, "os Estados criam organizações internacionais para desempenharem tarefas que não podem realizar sozinhos" (Touscoz, 1993, p. 159). Por intermédio das OIs os Estados podem institucionalizar suas relações e alcançar objetivos que não poderiam ser atingidos de forma isolada.

As OIs elaboram e manifestam uma vontade autônoma nos âmbitos de sua atuação. Essa vontade representa o encontro de interesses e aspirações do conjunto dos Estados que as compõem. Por isso, são sujeitos de direito, têm personalidade jurídica distinta da de seus membros e são dotadas de autonomia específica, que emana das deliberações de seus órgãos.

---

35 São mecanismos de controle, funcionamento e estabilização de um sistema. A institucionalização das OIs, por sua vez, diz respeito ao processo de cristalização de mecanismos multilaterais que regem o sistema relacional entre os Estados.

36 É a qualidade de quem pode ser sujeito de direito, ou seja, de quem está apto a adquirir direitos e contrair deveres ou obrigações.

Nas palavras de João Mota de Campos (2006, p. 41),

> A Organização Internacional exprime, ao agir nos domínios em que desenvolve a sua ação, uma vontade própria, distinta da de cada um dos seus membros, que se manifesta quer nas relações internas (relações com os seus Estados-membros), quer no relacionamento da Instituição com terceiros Estados ou com outras OI.

Corroborando esses ensinamentos, as OIs apresentam as seguintes características:

1. Constituem-se em associação de natureza intergovernamental e multilateral: congregam interesses de três ou mais membros, os quais são, predominantemente, Estados, dos quais os fundadores são definidos como membros originários e os demais como membros ordinários ou associados.
2. Resultam da expressão da vontade dos Estados: a vontade própria de origem nacional externada pelo Estado é que determina o surgimento, o abandono (denúncia[37]) e até o desaparecimento (continuidade das atividades) da organização.
3. São instituídas por um tratado: o acordo formal firmado entre os membros, independentemente do nome que receba, é seu instrumento constitutivo. Mesmo quando sua criação resulta de uma resolução adotada em uma conferência internacional, como é o caso da Associação das Nações do Sudeste Asiático (Asean) e da Organização dos Países Exportadores de Petróleo (Opep), os efeitos são análogos aos de um tratado, entendendo-se essa resolução como um acordo simplificado entre os participantes.
4. Perseguem objetivos comuns: têm como finalidade primordial atender aos objetivos e aos interesses comuns de seus participantes.

---

37 A denúncia é o mecanismo próprio para que o Estado deixe de se obrigar pelo tratado constitutivo da organização.

5. Possuem órgãos próprios permanentes: existe uma estrutura orgânica funcional permanente de poder, amplo ou reduzido, a serviço da organização. Essa estrutura lhes dá vida e movimento.
6. Detêm personalidade jurídica: são titulares de direitos e de obrigações na ordem internacional (prerrogativa típica outrora exclusiva dos Estados soberanos).
7. Apresentam alguma autonomia (vontade própria): seus atos não se confundem com os de seus membros, em que pese poderem ser fortemente influenciados por estes.

Em sintonia com o que dissemos, observe o conceito formulado por Neil Montgomery (2008, p. 42), para o qual uma OI é

> toda entidade criada por um tratado internacional, composta exclusivamente ou preponderantemente por Estados (daí a possibilidade de uma organização ter como membros outros sujeitos de direito internacional), capaz de manifestar, de maneira permanente, através de seus órgãos, vontade jurídica distinta da de seus membros (e, portanto, com personalidade jurídica própria), estando diretamente regida pelo Direito Internacional.

A UAI estabelece um rol de critérios para que uma entidade seja considerada organização internacional:
- ser composta por pelo menos três Estados com direito a voto;
- apresentar orçamento próprio e custeado pelos membros, com contribuições substanciais de, no mínimo, três Estados;
- ter estrutura formal própria, independentemente de tamanho, sede, política, ideologia e nomenclatura;
- ter funcionários de mais de uma nacionalidade;
- demonstrar independência para a escolha dos funcionários;
- apresentar desempenho contínuo e ininterrupto de atividades;
- almejar objetivo internacional.

Resumidamente, as OIs são associações de sujeitos internacionais, predominantemente Estados, com estrutura própria diferente da de seus membros, decorrentes da intensificação das relações internacionais e de uma cooperação imprescindível entre as nações. Nessa linha, em um primeiro momento, se nos valêssemos de uma interpretação extensiva, qualquer sujeito internacional (ONGs, empresas, entes subnacionais, entre outros), desde que movido por algum tipo de vínculo de cooperação transnacional, estaria incluído no conceito de organização internacional. No entanto, o que diferencia as OIs, objeto do nosso estudo (organizações intergovernamentais), dos demais atores internacionais, além da necessária presença dos Estados e do alto grau de institucionalização, é, primordialmente, a detenção de personalidade jurídica, o que será abordado mais detalhadamente no próximo capítulo.

Estudo de caso

Para esclarecermos a importância do conteúdo exposto neste capítulo, apresentaremos um breve estudo de caso que problematiza a real diferença entre uma organização internacional e um organismo internacional. Essa diferença é constitutiva de um campo de conhecimento e da atuação tanto das organizações como dos organismos.

Pensemos na Cruz Vermelha: trata-se de um organismo internacional ou de uma organizaçao internacional? A resposta pode começar a ser construída à medida que pensamos em sua constituição. Ela foi criada a partir da relação entre Estados ou de outras relações e objetivos? A Cruz Vermelha não é uma organização internacional, pois não foi criada a partir de um tratado constitutivo celebrado entre Estados, mas à luz do direito suíço.

Pois bem, o que faz a Cruz Vermelha? Conhecendo seu papel, podemos identificar de forma mais clara a fronteira entre as organizações internacionais e os organismos internacionais. Vejamos, então, sua história:

A História da Cruz Vermelha Brasileira se iniciou no ano de 1907, graças à ação do Dr. Joaquim de Oliveira Botelho, espírito culto e cheio de iniciativa que, inspirando-se naquilo que testemunhara em outros países, sentiu-se animado do desejo de ver, também aqui, fundada e funcionando, uma Sociedade da Cruz Vermelha. Junto com outros profissionais da área de saúde e pessoas da sociedade promoveu uma reunião em 17 de outubro daquele ano na Sociedade de Geografia do Rio de Janeiro, para lançamento das bases da organização da Cruz Vermelha Brasileira. Em reunião realizada em 5 de dezembro de 1908, foram discutidos e aprovados os Estatutos da Sociedade. Esta data ficou consagrada como a de fundação da Cruz Vermelha Brasileira, que teve como primeiro Presidente o Sanitarista Oswaldo Cruz. O registro e o reconhecimento da entidade nos âmbitos nacional e internacional se deu nos anos de 1910 e 1912, sendo que a I Grande Guerra (1914/1918) constitui-se, desde seus primórdios, no fator decisivo para o grande impulso que teria a novel Sociedade.

As "Damas da Cruz Vermelha Brasileira", comitê criado por um grupo de senhoras da sociedade carioca, deu origem à Seção Feminina, que teria como primeira tarefa, a formação do corpo de Enfermeiras voluntárias. A semente assim plantada frutificaria e, para permitir o funcionamento de outros cursos sugeridos pela Seção Feminina, foi criada e inaugurada, em março de 1916, a Escola Prática de Enfermagem, sob a eficiente direção do Dr. Getúlio dos Santos, na época Capitão Médico do Exército. Com a declaração de guerra do Brasil aos Impérios Centrais (Alemanha e seus aliados), a Sociedade expandir-se-ia com intensificação dos Cursos de Enfermagem e com a criação de filiais estaduais e municipais, cabendo a São Paulo a primazia. Em 1919, as filiais já eram em número de 16.

A Cruz Vermelha Brasileira participou da constituição da Federação de Sociedade de Cruz Vermelha e do Crescente Vermelho em 1919, filiando-se a ela. Em nosso país, tornou-se instituição modelar, da forma prevista nas Convenções de Genebra –, como em tempos de paz, levando ajuda a vítimas de catástrofes e desastres naturais (secas, enchentes, terremotos etc.).

Atua com base nos princípios fundamentais da Cruz Vermelha, que são:

- Humanidade
- Imparcialidade
- Neutralidade
- Independência
- Voluntariado
- Unidade
- Universalidade

É reconhecida pelo governo brasileiro como sociedade de socorro voluntário, autônoma, auxiliar dos poderes públicos e, em particular, dos serviços militares de saúde, bem como única sociedade nacional da Cruz Vermelha autorizada a exercer suas atividades em todo o território brasileiro.

Fonte: Cruz Vermelha, 2015.

Com base nesse histórico, fica demonstrado no campo da experiência o papel de um organismo e de uma organização, além das fronteiras entre ambas. Mas a perspectiva técnica é fundamental, pois, se buscarmos diretamente no *site*, veremos que a Cruz Vermelha se autodefine como *organização internacional* e não como *organismo*. Agora, fica evidente a importância dessas diferenças tanto na prática como no campo conceitual.

Síntese

Identificamos neste capítulo as OIs, objetos de nosso estudo, ou seja, as organizações internacionais governamentais, as quais são constituídas por Estados e, apesar de integrarem o sistema internacional junto a outros atores (todos prestadores de serviços internacionais), como as ONGs, as empresas transnacionais e as organizações subnacionais, não se confundem com estes. As OIs, diferentemente dos demais atores, são associações predominantemente compostas por Estados, com alto grau de institucionalização e que detêm personalidade jurídica própria. Vimos, também, que as interações intra e extraestatais e os movimentos dos atores internacionais repercutem sobre o ambiente internacional, com vistas a garantir certa medida de governança global. A manutenção da paz, o estabelecimento da segurança coletiva, a propagação dos direitos humanos e o desenvolvimento de ações econômicas e sociais são alguns exemplos dos serviços internacionais prestados pelas OIs e pelos demais atores internacionais.

Os Estados, outrora soberanos no plano internacional, foram, ao longo do tempo, principalmente em razão do fenômeno da globalização e da intensificação das necessidades individuais e coletivas, perdendo o monopólio da condução das relações internacionais, cedendo lugar a outros atores. As OIs, portanto, despontaram com o objetivo precípuo de atender às necessidades da comunidade internacional não mais atendidas pelos Estados.

Também tratamos dos antecedentes históricos das OIs e constatamos que, em um primeiro momento, elas eram rudimentares e essencialmente técnicas. Com o passar do tempo, ampliaram e diversificaram seu campo de atuação, chegando até mesmo a incluir uma infinidade de temas relacionados às mais diversas atividades humanas. No início do século XX, as OIs se multiplicaram, adquiriram vontade própria, firmaram raízes e se institucionalizaram. Sobre o âmbito ou domínio de atuação das OIs, destacamos quatro vertentes: gestão e legitimação de normas comuns; cooperação técnica; segurança coletiva; integração regional.

Exercício resolvido

1. As organizações internacionais interestatais multiplicaram-se nos últimos anos, contribuindo para estabelecer entendimentos comuns, inclusive com a vinculação dos Estados nacionais, a respeito de diversos temas. Sobre sua origem e sua evolução, é correto afirmar:

    a. Criada após a Segunda Guerra Mundial, a Organização das Nações Unidas (ONU) inspirou-se na Organização do Tratado do Atlântico Norte (Otan), que lhe antecedeu na defesa dos valores democráticos, estabelecendo a regra universal de "um Estado, um voto" para todas as decisões relevantes no campo da política e da segurança internacional.

    b. Os Estados devem optar entre a construção de espaços regionais (integração regional) e globais (globalização) ante a incompatibilidade dos sistemas que não podem coexistir.

    c. A partir da teoria realista das relações internacionais, a cooperação encabeçada pelas organizações internacionais governamentais constituiu aspecto central para uma estabilização econômica mundial.

    d. Por vontade dos Estados, as organizações internacionais governamentais nascem e se desenvolvem dentro de limites especificados nas cartas que as constituem, visando disciplinar questões internacionais que inevitavelmente requeiram ações assertivas. Ao custo de flexibilizar a soberania dos Estados, estes lhes conferem serviços relevantes, em face da crescente interdependência que se observa no ambiente internacional.

e. A intensificação das relações multilaterais criadas pelas organizações internacionais interestatais e por outros atores internacionais tende a estabelecer estruturas integradoras supranacionais que seguramente, em um curto espaço de tempo, culminarão com o total desaparecimento ou mesmo deslocamento dos Estados nacionais.

Resposta: d.

A Otan foi criada em 1949, no contexto da Guerra Fria, para unir em aliança os países ocidentais integrantes do bloco capitalista. A ONU, por sua vez, foi oficialmente criada em 1945 e teve como antecessora a Liga das Nações, que fracassou em seu intento, entre outros fatores, por conta da eclosão da Segunda Guerra Mundial em 1949. O sistema decisório da Assembleia Geral da ONU segue o histórico princípio da igualdade soberana: um Estado, um voto, com diferentes quóruns a depender do assunto em votação. No entanto, em seu Conselho de Segurança, o voto contrário de um membro permanente tem poder de veto total sobre a decisão que se pretende tomar.

Em regra, os processos de regionalização e de globalização não são excludentes; o Estado não precisa optar entre a construção de espaços regionais e a participação ativa na economia global. Vale salientar, contudo, que a globalização acaba por enfraquecer o Estado, submetendo-o a regimes competitivos mais acirrados, o que pode ser combatido com a regulação de mercados regionais (regionalização).

De acordo com a teoria realista, as relações internacionais desenvolvem-se, fundamentalmente, em torno dos Estados, desconsiderando a participação de outros atores internacionais, pois aqueles, para sobreviver e manter seu poder, sempre atuam com vistas a buscar a maximização dos interesses nacionais.

De acordo com a abordagem realista das relações internacionais, os Estados são atores racionais cujo processo de tomada de decisão se fundamenta em escolhas que apontem para a maximização dos interesses nacionais.

A evolução das organizações internacionais interestatais e de outros atores internacionais poderá ocasionar um movimento em direção a uma governança global, pois é necessário responder a problemas globais que os Estados, de forma isolada, não conseguem resolver. Isso, porém, não importa, pelo menos não em curto prazo, no total esvaziamento do Estado, a ponto de este vir a desaparecer ou ser substituído por completo por outra estrutura institucional.

Questões para revisão

1. Diversos atores integram o sistema internacional contemporâneo. Entre eles, destacam-se os Estados, as empresas transnacionais, as organizações internacionais intergovernamentais, os entes subnacionais e as organizações não governamentais (ONGs). Sobre eles, é correto afirmar:

    a. Os estados de uma federação, as regiões nacionais ou intercontinentais, as províncias, os distritos e os municípios não podem, sem a necessária participação do Estado nacional a que estão integrados, buscar recursos e cooperação técnica no exterior.

    b. A governança global envolve a participação tão somente dos Estados e das organizações internacionais governamentais.

    c. Para que um ator seja reconhecido pela comunidade internacional, é necessário que tenha personalidade jurídica própria e, consequentemente, possa celebrar tratados internacionais.

d. As organizações internacionais não governamentais, em geral, detêm personalidade jurídica, além de serem dotadas de alto grau de institucionalização.

e. As organizações internacionais intergovernamentais não são uma criação exclusiva dos Estados; outros entes não estatais podem criá-las, podendo existir, também, organizações sem a participação daqueles.

2. Avalie as proposições a seguir e marque (V) para as verdadeiras e (F) para as falsas:

( ) No século XX, o Estado perdeu significativamente sua importância, não mais funcionando como uma fonte de poder institucionalizado e cedendo lugar, por completo, às organizações internacionais (OIs).

( ) Por não conseguirem mais satisfazer a todas as necessidades da comunidade internacional – e mesmo de seus nacionais –, os Estados criaram, e ainda criam, novas instituições, entre elas as organizações internacionais governamentais, para auxiliá-los nessa empreitada.

( ) As conquistas técnicas do século XIX, especialmente nas áreas de comunicação, transporte e produção e comercialização de bens, representaram um importante fator que propiciou o surgimento das primeiras organizações internacionais governamentais.

( ) Com o fim da Guerra Fria, diminuiu o número de OIs, principalmente daquelas de cunho técnico, humanitário e pacificador, pois a aquietação dos ânimos e a retomada de sentimentos pacíficos trouxeram consigo um esvaziamento das atribuições nessas áreas específicas.

( ) A intensificação da participação nas relações internacionais de outros atores que não os Estados foi um fenômeno que se observou desde o fim do século XX.

Assinale a alternativa correta:
a. F, F, V, F, V.
b. V, V, F, F, V.
c. F, V, V, F, V.
d. V, V, V, V, V.
e. V, F, F, V, F.

3. A respeito dos principais domínios de atuação das organizações internacionais intergovernamentais, assinale a alternativa **incorreta**:

    a. As organizações de caráter técnico visam, prioritariamente, aproximar posições e iniciativas nos âmbitos social, científico, educacional, cultural, econômico e político.
    b. As agências especializadas da Organização das Nações Unidas (ONU), como a Organização Internacional do Trabalho (OIT), a Organização das Nações Unidas para a Educação, a Ciência e a Cultura (Unesco) e o Banco Internacional para Reconstrução e Desenvolvimento (Bird), desempenham um papel ativo na promoção da cooperação militar internacional.
    c. Criam condições que favorecem as negociações, a celebração e mesmo a legitimação de normas internacionais.
    d. Integram o sistema de segurança coletiva, que tem como base uma visão de ordem, estabilidade e permanência, fruto da ideologia preconizada por duas grandes organizações que nasceram após a Primeira e a Segunda Guerra Mundiais: a Liga das Nações e a ONU, respectivamente.
    e. Promovem a integração de países, formando áreas de livre comércio, uniões aduaneiras e/ou mercados comuns.

4. Em relação às organizações internacionais intergovernamentais, marque a alternativa **incorreta**:
   a. Podem ser membros dessas organizações apenas os Estados nacionais.
   b. Responsabilizam-se diretamente por seus atos.
   c. Podem celebrar tratados internacionais entre si e com outros Estados.
   d. Sua criação e seu funcionamento dependem de um acordo multilateral, o chamado *tratado constitutivo*, o qual deverá ser ratificado por seus membros fundadores.
   e. São sujeitos de direito, têm personalidade jurídica própria e gozam de certa autonomia e independência com relação a seus membros.

5. A definição de *organização internacional intergovernamental* foi concluída na Convenção de Viena de 1969: uma associação voluntária de sujeitos de direito internacional, constituída por ato de direito internacional, realizando-se em um ente estável, que apresenta ordenamento jurídico interno próprio e é dotado de órgão e institutos próprios para a realização de suas finalidades específicas (Brasil, 2009). Apresente sua definição de *organização internacional não governamental*, comparando-a com a de *organização internacional intergovernamental*.

6. No cenário contemporâneo, os Estados não mais ocupam, isoladamente, o centro das relações internacionais, deixando espaço para que outros atores internacionais estabeleçam estruturas integradoras supranacionais. De que tipo de modelo de integração estamos falando? Comente a respeito desse modelo.

Questão para reflexão

1. Constituídas pelos Estados nacionais, as organizações intergovernamentais são agentes desses atores principais e realizam apenas a vontade de seus integrantes, sem vontade ou ideologia próprias. Você concorda com essa afirmação? Justifique.

Crédito: Drop of Light/Shutterstock.com

capítulo dois

Organizações internacionais: tipologia, criação, adesão, dissolução, sucessão e personalidade jurídica

Conteúdos do capítulo:

- Tipos de organizações internacionais.
- Criação, adesão, dissolução e sucessão de organizações internacionais.
- Personalidade jurídica.

Após o estudo deste capítulo, você será capaz de:

1. reconhecer a existência de diversos tipos de organizações internacionais, categorizando-as segundo seus traços predominantes;
2. diferenciar uma organização internacional de outras entidades e agrupamentos formais ou informais;
3. identificar as características do tratado constitutivo típico de uma organização internacional;
4. analisar o nascimento, a composição (ingresso e saída de membros) e a extinção de uma organização internacional;
5. reconhecer a importância, a extensão e as consequências da atribuição de personalidade jurídica às organizações internacionais.

As organizações internacionais (OIs) não surgiram por acaso, mas para atender às necessidades da comunidade internacional em constante transformação. Assim, o acelerado desenvolvimento tecnológico, o aumento da violência, as intermináveis guerras entre os povos, a ampliação do potencial destrutivo dos armamentos bélicos, a multiplicação das relações comerciais, a incontrolável poluição do meio ambiente, o deslocamento desenfreado de populações e o desrespeito aos direitos humanos são apenas alguns dos fatores que determinaram a criação das OIs.

Ao longo de muitos anos, um conjunto expressivo de OIs foi criado, sob as mais variadas formas e com características também bastante diversificadas. Cabe-nos, agora, apresentar, com foco na visão moderna, seus traços distintivos, sua personificação e seus processos institutivo e extintivo.

2.1 *Tipologia*

O sistema internacional é composto por uma variedade de OIs, as quais, como acompanhamos no capítulo anterior, apresentam uma série de características comuns. No entanto, certas peculiaridades internas, como o tamanho, a composição dos membros e a estrutura deliberativa, e/ou externas, como a área de atuação e a abrangência, distinguem-nas umas das outras, criando tipos específicos de OIs.

Diversas formas de tipificação têm sido propostas conforme critérios igualmente variados, e são elas que, portanto, categorizam as OIs. Essa classificação, entretanto, não é rígida, pois muitas OIs podem se enquadrar em mais de uma categoria, além de sofrerem novo enquadramento em decorrência de modificações ocorridas ao longo do tempo.

Assim, como veremos a seguir, ordenaremos e dividiremos a rica variedade de OIs em categorias e subcategorias, criando grupos de organizações cujos traços predominantes, em dado momento histórico, coincidam.

Podemos tipificar as OIs utilizando os seguintes critérios:
- abrangência;
- fins;
- adesão;
- funções;
- supranacionalidade.

Quanto à **abrangência**, as OIs podem ter caráter regional ou universal, de acordo com requisitos ou condições que estabeleçam (normalmente de ordem geográfica) o ingresso de membros.

Organizações de caráter universal baseiam-se no princípio da inclusão e desconsideram questões geográficas, políticas, sociais e outras, porque buscam interesses coletivos de âmbito global. São universais as organizações que, por seus objetivos e suas facilidades de ingresso, buscam a associação de todos os Estados (Campos, 2006).

Por sua vez, organizações regionais pautam-se por regras de exclusão, unindo interesses comuns, especialmente os de ordem geográfica, econômica, social, cultural e política. São regionais as organizações que agrupam Estados de dada região, que pode ser um continente, como no caso da Organização dos Estados Americanos (OEA) e da Organização da Unidade Africana (OUA), parte dele, como no caso do Conselho da Europa (CdE) e do Acordo de Livre Comércio da América do Norte (Nafta), ou ainda uma vasta área global, como no caso da Organização do Tratado do Atlântico Norte (Otan) e da Organização dos Países Exportadores de Petróleo (Opep).

No Quadro 2.1, apresentamos alguns exemplos de OIs regionais.

Quadro 2.1 – Exemplos de organizações regionais

Região	Organização
Europa	União Europeia (UE)
	Comunidade Econômica Europeia (CEE)
	Conselho da Europa (CdE)
	Benelux (bloco econômico formado por Bélgica, Holanda e Luxemburgo)
Ásia	Associação das Nações do Sudeste Asiático (Asean)
	Cooperação Econômica Ásia-Pacífico (Apec)
América	Acordo de Livre Comércio da América do Norte (Nafta)
	Mercado Comum do Sul (Mercosul)
África	Comunidade Econômica dos Estados da África Ocidental (Ecowas)
	Comunidade para o Desenvolvimento da África Austral (SADC)

A Organização das Nações Unidas (ONU), a Organização Mundial do Comércio (OMC) e a Organização Mundial da Saúde (OMS), que têm vocação para associar todos os Estados, são exemplos de organizações universais.

No que se refere aos **fins**, existem OIs de fins específicos e de fins gerais. Estas têm finalidade ampla, sem nenhuma limitação explícita, como a manutenção da paz e da segurança internacionais (ONU e Liga das Nações). Aquelas, em maior número, são as organizações especializadas, cujos fins, únicos ou múltiplos, estão expressamente definidos em seus tratados constitutivos.

Uma organização com fins específicos pode ampliar sua finalidade incorporando outros fins diferentes daqueles inicialmente previstos, mas que surgem em decorrência do desdobramento destes (Siste, 2008).

No Quadro 2.2, apresentamos alguns exemplos de fins e de organizações que os perseguem.

Quadro 2.2 – Exemplos de organizações com fins específicos

Fins	Organização
Econômicos	Organização dos Países Exportadores de Petróleo (Opep)
	Programa das Nações Unidas para o Desenvolvimento (Pnud)
	Organização para a Cooperação e o Desenvolvimento Econômico (OCDE)
	Associação Europeia de Livre Comércio (Efta)
	Acordo de Livre Comércio da América do Norte (Nafta)
Financeiros	Banco Internacional para Reconstrução e Desenvolvimento (Bird)
	Banco Europeu para Reconstrução e Desenvolvimento (Berd)
	Fundo Monetário Internacional (FMI)
Sociais	Organização Internacional do Trabalho (OIT)
	Fundo das Nações Unidas para a Infância (Unicef)
Culturais	Organização das Nações Unidas para a Educação, a Ciência e a Cultura (Unesco)
	Organização Mundial da Propriedade Intelectual (Ompi)
De saúde	Organização Mundial da Saúde (OMS)
Militares	Organização do Tratado do Atlântico Norte (Otan)
	União da Europa Ocidental (UEO)
De energia atômica	Agência Internacional de Energia Atômica (Aiea)

Quanto à **adesão**, as OIs podem ser abertas ou fechadas, conforme aceitação ou não de novos membros, mediante cláusulas de adesão mais ou menos facilitadas. Nas OIs abertas, a adesão depende tão somente do preenchimento de certas condições objetivas de admissibilidade, que a maioria dos Estados preenche. É a representação inegável da ONU. Nas OIs fechadas, ao contrário, a adesão depende da satisfação de certos requisitos especiais de admissibilidade, como unanimidade ou maioria qualificada na votação e localização geográfica; ainda, há a possibilidade de a admissão de novos membros simplesmente não ser aceita. Por exemplo, a Comunidade Econômica Europeia (CEE), obviamente, só aceita Estados europeus (além disso, o Estado ingressante deve ter um governo democrático e desfrutar de determinadas condições econômicas); o Mercado Comum do Sul (Mercosul), a OEA e a União Europeia (UE) exigem que os Estados guardem certa identidade geográfica; a Opep requer que os Estados-membros tenham sistema político-econômico comum. A admissão ao Fundo Monetário Internacional (FMI) está condicionada à prévia admissão ao Grupo Banco Mundial[1] (GBM). A admissão a esse grupo, por sua vez, deve ser precedida da admissão à Sociedade Financeira Internacional (SFI).

No que concerne às **funções**, as OIs podem ser de cooperação ou de integração. Verifica-se a cooperação quando nem todos os objetivos e metas de uma integração total foram atingidos. Estamos diante, portanto, de uma integração parcial. As organizações de integração pretendem, por sua vez – como o próprio nome indica –, a integração total ou a unificação de funções. Assim, por exemplo, acordos de desarmamento nuclear pertenceriam à área de atuação da cooperação, ao passo que a abolição dos equipamentos bélicos nucleares seria um ato de integração militar. Umberto Celli Junior (2008) cita que apenas a UE atingiu o estágio de integração total.

No Quadro 2.3 constam alguns exemplos de OIs de cooperação, segundo a área predominante de atuação.

---

[1] O GBM é composto por cinco instituições distintas: Reconstrução e Desenvolvimento (Bird); Associação Internacional de Desenvolvimento (AID); SFI; Agência Multilateral de Garantia de Investimentos (Miga); e Centro Internacional para a Arbitragem de Disputas sobre Investimentos (Ciadi). Essas instituições atuam em colaboração em programas de capital, tendo como objetivo comum a redução da pobreza. O Banco Mundial (BM), por sua vez, é composto somente pelo Banco Internacional para Reconstrução e Desenvolvimento (Bird) e pela AID.

Quadro 2.3 – Organizações internacionais de cooperação

Área	Organização
Militar ou de segurança	Organização do Tratado do Atlântico Norte (Otan)
	União da Europa Ocidental (UEO)
Econômica	Organização Mundial do Comércio (OMC)
	Organização das Nações Unidas para Alimentação e Agricultura (FAO)
	Organização das Nações Unidas para o Desenvolvimento Industrial (Unido)
	Organização Mundial do Comércio (OMC)
	Organização dos Países Exportadores de Petróleo (Opep)
	Associação Europeia de Livre Comércio (Efta)
Social	Organização Internacional do Trabalho (OIT)
Cultural	Organização das Nações Unidas para a Educação, a Ciência e a Cultura (Unesco)
Humanitária	Organização Mundial da Saúde (OMS)
Técnica e científica	União Postal Universal (UPU)
	União Internacional de Telecomunicações (UIT)
	Organização Marítima Internacional (OMI)
	Organização da Aviação Civil Internacional (Icao)
	Oficina Central de Transportes Internacionais Ferroviários (Otif)
	Agência Espacial Europeia (ESA)
	Organização Meteorológica Mundial (OMM)

Destacamos a necessidade de distinguir as OIs de reuniões, grupos ou fóruns de caráter voluntário e que não recebem delegação de competência ou de poderes dos Estados-membros, chamados *reuniões, grupos* ou *fóruns de concertação*. As concertações fomentam o diálogo e podem desencadear a fixação de objetivos comuns aos participantes, porém têm baixa institucionalização e seus resultados ou suas recomendações têm pouca ou nenhuma coercitividade. As OIs, por sua vez, têm uma estrutura institucional, com sede e prerrogativas para fazer cumprir suas decisões. Nas palavras de Celli Junior (2008, p. 24),

A crescente interdependência comercial e econômica entre os Estados também propiciou o fortalecimento de um mecanismo mais tênue em termos formais e institucionais que a cooperação – já que não decorrem de Tratados, não possuem órgãos institucionais, secretariado ou sede – porém, não menos relevante: os mecanismos ou acordos de concertação ou coordenação. Trata-se de reuniões entre chefes de Estado e de Governo ou de Ministros que têm por objetivo adotar diretrizes e posições comuns sobre determinados temas.

> **Preste atenção!**
>
> As OIs têm alto grau de institucionalização e, como veremos adiante, são investidas de competências delegadas diretamente por seus Estados-membros, o que as difere de outras instituições que buscam, igualmente, a cooperação, a integração e o apaziguamento internacionais.

Quanto à **supranacionalidade**, as OIs podem ser tradicionais ou supranacionais. Tradicionais são aquelas em que o Estado, além de financiá-las, exerce algum tipo de poder de decisão sobre elas. Além disso, suas decisões não são autoaplicáveis, ou seja, dependem de outros procedimentos para adentrarem no país participante.

O termo *supranacional* surgiu no tratado que criou a Comunidade Europeia do Carvão e do Aço (Ceca)[2] e designou as OIs cujas decisões dos órgãos deliberativos são exequíveis no interior dos Estados-membros, independentemente de qualquer *exequatur*[3]. Opera-se uma cessão de competências dos Estados-membros a órgãos comuns, dando-lhes poder para criar determinadas normas e aplicá-las diretamente, sem a necessária incorporação ao ordenamento jurídico nacional (internalização). A UE, por ser dotada de um poder superior ao das autoridades estatais de seus

---

2 A Ceca foi extinta em 2002 por expiração de prazo, tendo suas atribuições absorvidas pela Comunidade Europeia (CE), a qual integrava a UE.

3 Trata-se da permissão ou autorização do Estado para que determinada ordem ou decisão externa seja cumprida ou acatada no âmbito interno do país.

Estados-membros, é a única organização supranacional de que se tem conhecimento na atualidade. Na UE, todas as Constituições dos Estados-membros permitem a delegação do exercício de competências para um poder supranacional que faz nascer um direito comunitário[4] com primazia sobre o nacional.

> **Preste atenção!**
>
> A CEE não se confunde com a UE, tampouco com o CdE ou com o Conselho Europeu (CEu). A UE é uma organização formada pela maioria dos Estados democráticos da Europa Continental e do Reino Unido e que tem o CEu como seu principal órgão político. Sua designação atual foi dada pelo Tratado de Maastricht, de 1993, o qual, entre outras providências, inseriu a CEE em sua estrutura com a denominação de *Comunidade Europeia* (CE). Esta, por sua vez, com a entrada em vigor do Tratado de Lisboa, de 2009, foi extinta e completamente absorvida pela UE. A CE, que é a OI mais antiga ainda em atividade, tem por objetivo a defesa dos direitos humanos, o desenvolvimento democrático e a estabilidade político-social na Europa.

Devemos regsitrar que os estudiosos divergem a respeito do fenômeno da supranacionalidade. Para Fausto de Quadros, aliás, a UE sequer pode ser considerada uma entidade supranacional, uma vez que a supranacionalidade determina

> o nascimento de um poder político superior aos Estados, resultante da transferência definitiva por estes da esfera dos seus poderes soberanos relativos aos domínios abrangidos pela entidade supranacional, e em que designadamente o poder legislativo (como poder de criação de Direito novo) é exercido em função do interesse comum e não do interesse dos Estados. (Quadros, 1991, p. 158)

---

4 É o ramo do direito que estuda o conjunto de normas e de princípios em que a exclusividade estatal da criação e da aplicação do direito é outorgada aos entes criados por esses próprios Estados.

Na visão do referido autor, em virtude de não haver uma transferência definitiva e integral dos poderes soberanos – até porque não se pode imaginar a transferência definitiva de competências soberanas, mas apenas de determinadas competências previstas na Constituição, na atual fase da UE –, não há que se falar em supranacionalidade.

2.2 Criação, adesão, retirada, expulsão, dissolução e sucessão

Já vimos que o ato típico de criação ou instituição de uma OI se formaliza por meio de um tratado constitutivo. Uma vez que a OI é uma associação composta por um ou mais Estados, o tratado concluído entre seus membros fundadores é seu instrumento regular de criação. Esse processo institucional próprio das OI as distingue de outras entidades importantes formadas pela sociedade civil (empresas transnacionais, organizações não governamentais – ONGs, entre outras), as quais não são criadas mediante tratado, e sim pela livre iniciativa privada, independentemente de um acordo intergovernamental.

É bom que se diga, desde já, que cada OI é livre e independente para, conforme suas peculiaridades, estabelecer seu estatuto e sua base jurídica, servindo a Convenção de Viena[5] (1969 e 1986), que versa sobre o direito dos tratados, tão somente como elemento garantidor desse direito. Em alguns casos particulares, aliás, a organização, pode estabelecer a seus signatários obrigações progressivas ou direitos diferenciados, como acontece com a OMC,

---

5 A Convenção de Viena sobre o Direito dos Tratados entre Estados e Organizações Internacionais ou entre Organizações Internacionais foi um tratado assinado em 21 de março de 1986, redigido para complementar a Convenção de Viena sobre o Direito dos Tratados, de 1969, que lidava somente com o tratado entre os Estados. Essa convenção complementar deixou claro que a faculdade de celebrar tratados internacionais não era mais exclusividade dos Estados. O Brasil assinou a referida convenção em 21 de março de 1986, mas ainda não a introduziu ao ordenamento jurídico nacional.

que concede prazos distintos para que países menos desenvolvidos protejam os direitos de propriedade intelectual. As OIs, portanto, estão credenciadas para, dentro de seus objetivos e interesses específicos, nascerem, se desenvolverem e participarem diretamente das relações internacionais.

Os participantes das OIs podem ser membros plenos, associados ou observadores. Intitulam-se **membros plenos**, ou simplesmente **membros**, aqueles que fizeram, de alguma forma, parte do tratado constitutivo; logo, têm seus direitos assegurados pelo próprio ato institutivo. Os **associados**, em geral, têm os mesmos direitos assegurados aos membros, exceto o direito a voto. Já os **observadores**, além de não terem direito a voto (e, eventualmente, à palavra), normalmente participam, na condição de convidados ou simpatizantes, somente de atos ou de atividades em que sejam parte diretamente interessada. A Santa Sé (Vaticano) é um exemplo de observador típico e vitalício em diversas convenções internacionais.

Na maioria das vezes, a iniciativa da criação de uma OI parte de um ou mais Estados. Nada obsta, porém, que essa iniciativa advenha das deliberações de outra OI, como foi o caso da ONU, a qual, por intermédio de seu Conselho Econômico e Social (Ecosoc), sugeriu a criação da OMS em 1946. Nesse caso, a OI que participa dos trabalhos preparatórios funcionou como fonte de informação da real vontade dos membros fundadores, o que pode auxiliar, no futuro, em caso de eventual litígio, na interpretação do tratado constitutivo.

É pertinente salientarmos que a criação de uma OI resulta de incansáveis negociações diplomáticas multilaterais[6] travadas,

---

6 Diferentemente da negociação bilateral, que se dá entre duas partes, a multilateral envolve mais de duas partes e costuma ocorrer no âmbito institucionalizado de conferências ou de reuniões internacionais.

muitas vezes, por um longo período de tempo, às vezes por décadas, até que se chegue à assinatura[7] e à ratificação[8] do tratado constitutivo.

Em conformidade com o art. 9.2 da Convenção de Viena sobre o Direito dos Tratados (1969), se a adoção do texto final de um tratado constitutivo for levada à votação durante uma conferência internacional, sua aprovação dependerá do voto da maioria de dois terços dos Estados presentes e votantes, salvo se esses Estados, pela mesma maioria, acordarem em aplicar outra regra. Não se aplicando a hipótese anterior, a adoção do texto do tratado efetua-se pelo consentimento de todos os Estados que participaram de sua elaboração (Brasil, 2009).

É usual designar uma conferência com a finalidade específica de adoção do ato constitutivo da OI, como ocorreu com a OMS e com a Organização Marítima Consultiva Intergovernamental (OMCI), as quais resultaram, respectivamente, da Conferência de Nova Iorque (1946) e da de Genebra (1948).

Não há forma rígida para a concretização dos acordos entre os Estados que visem à criação de uma nova OI; basta que seja inequívoca a manifestação da vontade das partes envolvidas. Assim, tanto uma convenção solene (tratado em forma escrita) quanto uma de forma simplificada (acordo verbal) ou, ainda, uma resolução de uma conferência internacional podem redundar na instituição de uma organização. José Cretella Neto (2013) acrescenta que as OIs podem resultar, também, da transformação de órgãos governamentais, quando os governos participantes conferem ao ato constitutivo, inequivocamente, caráter de convenção internacional. Foi o caso, exemplifica o referido autor, do Conselho Nórdico,

---

[7] É um ato que autentica o texto do tratado, mas não o torna imediatamente obrigatório para as partes, o que ocorre somente com a ratificação.

[8] É o ato pelo qual uma parte contratante informa às demais que se considera doravante obrigada aos termos do tratado no plano internacional (Rezek, 2002).

instituição originariamente estabelecida pelos parlamentos dos países escandinavos, transformada em OI.

O tratado constitutivo, além de dar vida jurídica, ditando regras especiais de regência, adquire um aspecto de norma constitucional da organização à qual as demais devem se subordinar (Mello, 2002). Esses tratados-base ou tratados institutivos apresentam 11 características marcantes:

1. **Não têm prazo de duração**: a princípio, a organização será instituída por período indeterminado, mas isso não é obrigatório.
2. **Dispõem sobre os fins, a estrutura e as competências institucionais**: preveem a criação de órgãos de competência normativa, executiva ou jurisdicional e suas respectivas funções, além de definir direitos e deveres de seus integrantes e estabelecer objetivos a serem alcançados.
3. **Estipulam uma série de medidas prévias que garantam o início das atividades da organização**: costuma-se constituir uma comissão para cuidar de todos os preparativos (realização de tarefas administrativas, nomeação de um secretário-geral, convocação da primeira Assembleia Geral, entre outros) para que a nova organização passe a funcionar a contento. Essa comissão também se encarrega de elaborar os principais textos institucionais: estatuto, acordo de sede, regulamento funcional e deliberativo dos órgãos etc.
4. **Preveem regras especiais de emenda ou revisão do próprio ato constitutivo**: as emendas são sempre previstas de acordo com as normas gerais aplicáveis a todos os tratados – conforme arts. 39 a 41 da Convenção de Viena de 1969 (Brasil, 2009). No entanto, as OIs costumam estipular regras especiais, complementares àquelas de cunho geral. Assim, a princípio, qualquer membro pode tomar a iniciativa de propor emenda ao texto original do tratado constitutivo. Já a adoção desta pressupõe o pronunciamento das partes, apurando-se

por unanimidade ou por quórum qualificado não inferior a dois terços. Assim, por exemplo, o FMI condiciona a aprovação de emendas que impliquem alteração dos direitos e das obrigações das partes à aceitação unânime; para as demais alterações, basta uma maioria simples ou qualificada.

5. **Têm preferência sobre quaisquer outros tratados** (mesmo sobre aqueles concluídos pela própria organização): atribui-se superioridade ao tratado constitutivo com vistas a assegurar a fidelidade aos objetivos das OIs, bem como para instituir a hierarquia normativa interna, própria de cada organização.

6. **Devem ser aceitos integralmente**: aquele que ingressar na organização deverá aceitar, em sua totalidade, sua norma constitucional. Vale salientar, porém, que muitos tratados constitutivos contêm cláusulas de reserva[9], ou seja, regulamentam tal direito, consequentemente, não o proibindo.

7. **Podem estabelecer direitos a Estados não membros**: a Carta das Nações Unidas, por exemplo, permite a participação, sem direito a voto, de Estados não membros nos debates do Conselho de Segurança. Não podemos nos esquecer, no entanto, de que a imposição de obrigações a Estados não membros depende do expresso consentimento destes.

8. **Impõem sanções aos desacordantes**: o membro que não cumpre com o determinado no tratado constitutivo pode ser excluído do quadro da organização ou, ainda, sofrer alguma suspensão de direitos.

9. **São interpretados pela própria organização**: em caso de dúvida a respeito das disposições do ato constitutivo, a própria organização realiza a interpretação que se diz autêntica (realizada por seus próprios membros e/ou órgãos).

---

9 Por *reserva* entende-se uma declaração unilateral feita por um Estado ou por uma OI, ao assinar, confirmar formalmente, aceitar ou aprovar um tratado ou a ele aderir com o objetivo de excluir ou modificar os efeitos jurídicos de certas disposições do tratado em sua aplicação a esse Estado ou a essa organização.

> **Pense a respeito**
>
> A autointerpretação ou interpretação autêntica do tratado constitutivo busca determinar o exato sentido da regra expressa em um texto obscuro, impreciso, contraditório, incompleto ou ambíguo. Interpreta-se o que não está claro, gera dúvida, não é óbvio. Mas quais são os limites dessa interpretação? João Mota de Campos (2006) propõe o seguinte questionamento: deve o ato constitutivo ser tido como um texto jurídico rígido ou, diversamente, considerando-se que a organização foi criada para perseguir objetivos em um quadro econômico, social e político mutável, deve ocorrer uma interpretação dinâmica do texto, ajustada às novas circunstâncias em que a organização se vê forçada a agir?

10. **Devem prever, para que passem a vigorar, a necessidade ou não de que seja observado um número mínimo de ratificações:** certas OIs, em razão de suas características, exigem ratificações especiais, por exemplo, a ONU, cuja Carta (tratado constitutivo) previu que sua vigência dependia da ratificação dos cinco membros permanentes do Conselho de Segurança (Seitenfus, 2012).
11. **Podem ser, de acordo com Cretella Neto (2013), inéditos ou derivados de outro tratado preexistente:** se derivado, porém constitutivo (fizer nascer uma nova organização), deverá resultar na revisão do tratado preexistente, prevendo alteração na personalidade jurídica da organização anterior. Dessa forma, o tratado constitutivo de uma OI, ainda que derivado, não deve ser confundido com outros acordos derivados, especialmente com aqueles que constituem órgãos subsidiários. A criação de uma OI deve resultar da expressão clara e evidente da vontade das partes interessadas. Cretella Neto (2013, p. 137) exemplifica esse aspecto:

as peculiaridades da Conferência das Nações Unidas para o Comércio e o Desenvolvimento – CNUCED (UNCTAD, em inglês), criada em 1964, e da Organização das Nações Unidas para o Desenvolvimento Industrial – ONUDI (UNIDO, em inglês), entre 1965 e 1985 – estruturas bastante desenvolvidas, localização em prédios distintos, funcionários exclusivos –, davam-lhes a aparência de organizações especializadas da ONU, quando eram apenas órgãos subsidiários, criados por resoluções da Assembleia Geral como instituições sem qualquer autonomia funcional ou financeira. Quando a Organização das Nações Unidas decidiu transformar a ONUDI em organização especializada de sua família, fê-lo mediante ato constitutivo adotado em 08.04.1979 em Viena, por uma conferência da ONU convocada para essa finalidade pela A-G, e que foi submetida à ratificação, aceitação ou aprovação, de acordo com o Artigo 24, entrando em vigor conforme dispõe o Artigo 25, ou seja, após o depósito do 84º instrumento de ratificação, o que ocorreu em 21.06.1985.

> **Preste atenção!**
>
> Nem todas as estruturas, associações ou instituições são propriamente OIs. Não basta parecerem OIs, precisam sê-las por completo. Logo, sua real intenção somente se revela na manifestação da vontade das partes (membros fundadores) consubstanciada em seu ato constitutivo.

Uma vez criadas, as OIs podem admitir o ingresso de novos membros (adesão), bem como operacionalizar a saída de outros (retirada ou expulsão).

Aos membros fundadores, ou seja, àqueles responsáveis pela criação da organização, não se aplicam as regras de admissão. Entretanto, os membros que ingressam na organização após sua criação devem se submeter ao processo de admissão, o qual pode ser mais ou menos rígido, dependendo – como visto na seção anterior – do tipo de organização (aberta, fechada ou completamente fechada).

Na verdade, nenhuma OI é completamente aberta; eis que todo e qualquer processo de admissão, por menos rígido que seja, exige o implemento de requisitos, ainda que mínimos.

Francisco Rezek (2002) elenca três pressupostos de admissibilidade de novos membros:

1. Preenchimento de condições prévias de ingresso, previstas no tratado constitutivo, sejam elas geográficas (por exemplo, OEA, aberta à adesão de Estados americanos), sejam geopolíticas (como a Liga Árabe, a qual aceita todo e qualquer Estado árabe), entre outras.
2. Livre manifestação de vontade por parte do interessado de aderir ao tratado constitutivo. Essa aceitação, normalmente, deverá ocorrer sem qualquer reserva.
3. Aceitação da adesão pelos demais membros integrantes da organização. Na ONU, por exemplo, a inclusão de um novo membro depende de recomendação do Conselho de Segurança, seguida de aprovação da Assembleia Geral.

Os Estados – e mesmo as OIs –, quando se tornam membros de uma organização, não estão renunciando à vontade própria; logo, detêm a liberdade de deixar a instituição sempre que bem lhes convier. Essa liberdade de retirada está assegurada pela Convenção de Viena sobre o Direito dos Tratados (1969) e pela Convenção de Viena sobre o Direito dos Tratados entre Estados e Organizações Internacionais ou entre Organizações Internacionais (1986), com as limitações ditadas pelo próprio ato constitutivo. A retirada, portanto, equivale à denúncia ao tratado constitutivo da organização, a qual pode ocorrer conforme previsto nesse tratado ou por consentimento de todas as partes, depois de consultados os demais Estados e as OIs participantes.

No silêncio do texto ou na falta de consentimento, aplica-se o direito dos tratados. Assim, nos termos do art. 56 da Convenção de

Viena sobre o Direito dos Tratados entre Estados e Organizações Internacionais ou entre Organizações Internacionais (Convenção..., 1986), a retirada continua possível se: a) estiver estabelecido que as partes admitiram a possibilidade de denúncia ou de retirada; ou b) se o direito de denúncia ou de retirada puder ser deduzido da natureza do tratado.

Em qualquer caso, a parte que deseja retirar-se deve avisar previamente (em geral, com pelo menos 12 meses de antecedência) as demais sobre sua intenção e colocar em dia suas obrigações financeiras para com a organização.

Em virtude de a retirada se constituir em um ato drástico que pode desencadear diversos infortúnios, como explica Cretella Neto (2013), as partes têm adotado postura mais branda, por meio da chamada "política da cadeira vazia". Dessa forma, o membro insatisfeito, em vez de se retirar, abstém-se de participar de certos trabalhos, respeitando as demais obrigações impostas pelo tratado. Valeu-se dessa prática, exemplifica o referido autor, a União das Repúblicas Socialistas Soviéticas (URSS), em 1950, quando se negou a participar dos debates do Conselho de Segurança das Nações Unidas (CSNU) diante da postura da organização em relação à China.

Se ao membro é facultada sua retirada de forma voluntária, também é possível sua retirada forçada (expulsão ou exclusão), por iniciativa e decisão da própria organização.

A expulsão também deve respeitar as regras do ato constitutivo e os direitos dos tratados. Trata-se da sanção mais grave imposta a um participante que viole certos princípios ou determinações fundamentais da organização. Essa espécie de sanção, por ser extrema e também traumática àquele que é punido, raramente é aplicada. Do FMI, por exemplo, apesar de muitas ameaças ao longo de toda a sua existência, apenas a Tchecoslováquia, em 1954, foi formalmente expulsa, aparentemente por não fornecer estatísticas adequadas, embora alguns autores atribuam a sanção aos efeitos da Guerra Fria.

Tanto o nascimento de uma OI quanto seu "falecimento", isto é, sua dissolução, extinção ou completa liquidação, dependem da concretização de um acordo entre seus membros.

Por derradeiro, não existe compromisso internacional imune à extinção pela vontade de todas as partes. Essa vontade comum pode ser expressa com antecedência no próprio ato constitutivo. Assim, o tratado institutivo pode prever um prazo de vigência ou de vida (certo número de anos) para a organização. Quando esse prazo termina, a OI desaparece. Outras formas de extinção seriam a exaustão operacional – quando todos os atos de execução previstos pelas partes satisfazem integralmente aos objetivos – e a redução quantitativa das partes abaixo do número mínimo preestabelecido.

O desaparecimento de uma OI é fenômeno excepcional, e raros são os exemplos. A extinção de uma organização – salvo, como visto anteriormente, decorra do próprio ato constitutivo –, criada com vocação à perenidade, consiste em seu fracasso definitivo, tal como sucedeu com o Conselho para Assistência Econômica Mútua (Comecon).

Raramente uma organização é dissolvida ou completamente liquidada; o mais comum é que ocorra a sucessão entre duas organizações já existentes (quando uma desaparece) ou entre uma ou mais que se dissolvem, nascendo outra em seu lugar (fusão). Nesse caso, a sucessora (outra organização já existente ou mesmo nova) assume funções, competências[10], direitos, obrigações e também o patrimônio da predecessora, ou seja, uma organização substitui, por completo, a outra. Assim ocorreu a substituição da Associação Latino-Americana de Livre Comércio (Alalc), criada em 1960, pela Associação Latino-Americana de Integração (Aladi), cujo tratado constitutivo foi celebrado em Montevidéu (Uruguai),

---

10 As ações próprias e/ou o direcionamento das atividades das OIs. Harmonizar e desenvolver políticas e aproximar e conciliar pontos de vista são exemplos de funções. As funções típicas das OIs são as de cooperação e de integração. As competências, por seu turno, são poderes/atribuições conferidos, explícita ou implicitamente, às organizações para o desempenho de suas funções. As principais competências são a normativa e a operacional.

em 12 de agosto de 1980. Também a Organização Europeia para a Cooperação Econômica (Oece), estabelecida em 16 de abril de 1948, foi substituída pela Organização para a Cooperação e o Desenvolvimento Econômico (OCDE), fundada em 1961. A Organização Mundial da Propriedade Intelectual (Ompi), por sua vez, resultou da fusão, realizada em 1967, entre a União para a Proteção da Propriedade Industrial, fundada em 1883, e a União para a Proteção da Propriedade das Obras Literárias e Artísticas, criada em 1884. Outro exemplo clássico de sucessão ocorreu com a Liga das Nações, a qual foi sucedida pela ONU em 1946.

2.3 Personalidade jurídica

No século XIX e durante boa parte do século XX, os Estados eram os únicos detentores de personalidade jurídica e, portanto, sujeitos de direito exclusivos no plano internacional. Por muitos anos, discutiu-se se esse monopólio exercido pelo Estado poderia ser quebrado, conferindo-se igualmente às OIs essa invejável aptidão (personalidade jurídica).

Ao longo do século XX, contudo, as OIs, como vimos anteriormente, passaram a desempenhar importantes papéis no sistema internacional, o que lhes garantiu o reconhecimento da personalidade jurídica, principalmente como meio de viabilizar a busca pelo cumprimento de seus objetivos, além de estimular o surgimento de novas relações, especialmente no âmbito internacional.

> **Pense a respeito**
>
> A multiplicação dos Estados e a posterior constatação de sua debilidade no decorrer do século XX coincidem, também, com a proliferação das OIs. Terá o reconhecimento explícito da personalidade jurídica das OIs contribuído para essa proliferação? Teriam, a partir de então, os Estados se conscientizado de que, para enfrentar as vicissitudes da comunidade internacional moderna, deveriam, necessariamente, ceder parte de seu poder a entidades especializadas voltadas à cooperação global?

Muito já foi escrito sobre a personalidade jurídica das OIs e nem tudo é unanimidade. Questiona-se, essencialmente: As OIs têm personalidade jurídica e, consequentemente, são sujeitos de direito? Qual é a extensão dessa personalidade? Quais são as consequências dessa atribuição de personalidade?

A questão da personalidade das OIs começou a ser elucidada em 1948 pela Corte Internacional de Justiça (CIJ), em um caso de reparação por danos sofridos a serviço da ONU na Palestina. A ONU consultou a CIJ a respeito da possibilidade de demandar, em nome próprio, a reparação dos danos que sofreu em razão do falecimento do Conde Bernadotte, morto a serviço da organização em Jerusalém.

A CIJ, em crucial pronunciamento datado de 11 de abril de 1949, declarou que, em virtude de a ONU ser o mais elevado tipo de OI, contando, inclusive, com a representação de um grande número de Estados, não poderia corresponder às intenções de seus membros (manutenção da paz e da segurança internacionais) caso fosse desprovida de personalidade própria. Dessa forma, teria a ONU personalidade jurídica para reclamar, em seu nome, a reparação de danos em face do pretenso Estado causador, pois teria um poder implícito para atuar em defesa de seus agentes.

Naquela ocasião, a CIJ diferenciou, também, a personalidade jurídica dos Estados da atribuída à ONU. Ressaltou que a aptidão dos

Estados para adquirir direitos e contrair deveres é irrestrita, enquanto a da ONU depende de seus objetivos, enunciados ou implícitos, e de suas funções contemplados pelo ato constitutivo e desenvolvidos na prática.

O reconhecimento de uma OI como sujeito de direito internacional deu-se, assim, de modo expresso e inequívoco, por intermédio da manifestação de um órgão jurisdicional internacional, a CIJ.

> **Pense a respeito**
>
> É importante mencionarmos que o art. 34 do Estatuto da Corte Internacional de Justiça (CIJ, 1945) dispõe que somente os Estados podem figurar como partes em litígios a ela apresentados. Assim, embora as OIs possam consultar o referido órgão judiciário, não podem, perante a CIJ, reclamar um direito pretensamente violado por terceiros. Isso não parece um contrassenso? Ora, se as OIs têm personalidade jurídica, por que perante a CIJ não podem pleitear em nome próprio?

A ONU e as OIs são dotadas, desde seu nascimento, de personalidade jurídica que lhes assegura as competências necessárias para alcançarem os objetivos contidos em seus tratados institutivos. As necessidades resultantes da perseguição de tais objetivos condicionam, portanto, as aptidões jurídicas e, como consequência, os poderes que lhes são atribuídos são limitados (Akehurst, 1985).

Em síntese, os objetivos atribuídos às OIs pelos Estados definem suas funções, e as necessidades que experimentam na busca por tais objetivos limitam seu poder explícito e implícito, isto é, estabelecem suas competências.

As OIs não dispõem de todas as competências atribuídas aos Estados e, por isso, dependem deles, em maior ou menor grau. Seguindo esse raciocínio, Ricardo Seitenfus (2012, p. 64) conclui que

> as organizações internacionais são sujeitos mediatos ou secundários do direito internacional, porque dependem de vontade dos seus

membros para sua existência e para a concretude e eficácia dos objetivos por ela perseguidos. O aspecto funcional destes organismos é manifesto, pois seus órgãos somente poderão existir na medida em que sejam essenciais para o cumprimento dos objetivos determinados pelo tratado constitutivo. Logo, o nascimento, o itinerário e a morte de uma organização internacional dependem da vontade externa a sua, isto é, a vontade dos Estados-Membros.

Pelo que podemos perceber, as competências das OIs são limitadas e correspondem à extensão de sua personalidade jurídica. Os Estados, por sua vez, dotam cada organização da qual são membros de competências específicas, ou seja, de estruturas e de mecanismos necessários para o cumprimento dos objetivos por ela definidos. Assim, para sabermos os limites exatos da personalidade jurídica de uma OI, devemos, antes de tudo, conhecer as competências e os poderes (expressos ou implícitos) que lhe foram conferidos, o que varia de uma organização para outra. A Otan, por exemplo, pode, em algumas circunstâncias, praticar atos militares, ao passo que a Organização Internacional do Trabalho (OIT) não pode fazê-lo.

Do reconhecimento da personalidade jurídica das OIs decorrem algumas importantes consequências, quais sejam:

1. Poder de celebrar tratados – em inglês, *treaty-making power*: trata-se do direito de convenção, isto é, o direito de celebrar tratados internacionais e manter relações diplomáticas. Esse poder-direito, entretanto, não é absoluto, tampouco igual para todas as OIs. Ele varia de uma organização para outra, dependendo do desempenho – tal qual da personalidade – de suas funções e de seus objetivos. A ONU, por exemplo, poderá, entre outras coisas, concluir tratados de assistência técnica, desde que estejam situados no âmbito de suas competências e alinhados a seus objetivos: promoção de condições de progresso e de desenvolvimento econômico e social.

2. **Privilégios e imunidades diplomáticas**: estendem-se às OIs e a seus funcionários certos benefícios e prerrogativas para que tenham total liberdade de atuação e, portanto, desempenhem eficazmente suas funções, com igualdade de tratamento. São alguns exemplos: inviolabilidade pessoal e funcional, imunidade de jurisdição, isenção de impostos etc.
3. **Responsabilidade internacional**: as OIs respondem diretamente por suas violações, têm legitimidade para reclamar e detêm capacidade para assumir compromissos. Ora, se é admitida a possibilidade de as OIs figurarem como sujeitos nas relações internacionais, isso ocorre tanto no plano ativo (legitimidade ativa) quanto no passivo (legitimidade passiva). A legitimidade ativa consiste no direito daquele que reclama a violação da norma. A passiva, por sua vez, é daquele que sofre a responsabilidade pelo descumprimento da norma. Nesse passo, podem as OIs apresentar reclamações em nome próprio, inclusive contra Estados não membros. Da mesma forma, caso causem danos ou apresentem algum comportamento ilícito, responderão diretamente por seus atos. A ONU, por exemplo, foi condenada, em 1965, a indenizar os danos causados à Bélgica em decorrência de ações militares não justificadas.
4. **Direito próprio**: podem as OIs produzir normas específicas e peculiares aplicáveis a toda a sua estrutura funcional, incluindo atividades e relações contratuais. Como exemplo, consideremos a possibilidade de criação de um regime jurídico próprio aplicável aos funcionários da organização, prevendo condições de trabalho e benefícios diferenciados.
5. **Sucessão**: trata-se da substituição de uma organização predecessora por uma sucessora, nas relações internacionais. Uma OI pode, portanto, suceder à personalidade jurídica de outra. A operacionalização da sucessão, a propósito, normalmente levanta alguns problemas relativos às competências dos órgãos, aos bens, às dívidas, aos créditos e aos funcionários da predecessora.

> 6. Pavilhão e registro: faculta-se às OIs navegar embarcações portando seu próprio pavilhão, desde que haja uma forte ligação entre o navio e a organização, e registrar, em conjunto com os Estados, aeronaves e engenhos espaciais.

Fonte: Elaborado com base em Campos, 2006.

Resta-nos assinalar que há motivos práticos para atribuir personalidade jurídica às OIs. Sem ela, como vimos, as organizações não seriam sujeitos próprios; logo, seria impossível acionarem ou serem acionadas em processos judiciais – em tese, pois não seriam responsabilizadas, tampouco poderiam responsabilizar-se internacionalmente. Os direitos e as obrigações, igualmente, não teriam destinatário único, mas deveriam ser distribuídos entre os diversos participantes das organizações. Isso também vale para contratos e tratados entabulados pelas OIs, que, em vez de tê-los como uma das partes, teriam em seu lugar uma multiplicidade de contratantes, seus membros.

A personalidade própria possibilita à OI estabelecer relações jurídicas e negociais como entidade única e distinta, diversa da de seus membros. Torna-se, assim, uma aptidão fundamental para o desempenho de suas funções, para a realização de seus objetivos e para justificar sua própria existência. Além disso, permite o reconhecimento de outros atores internacionais e contribui para a ampliação das agendas internacionais, que, não fosse o concurso desse novo sujeito, seriam apenas produzidas pelos corpos diplomáticos dos Estados.

Por derradeiro, devemos destacar que, ao contrário das OIs e dos Estados, os demais atores internacionais, em especial as ONGs e os entes subnacionais, não desfrutam, segundo a corrente clássica[11], que

---

[11] Há quatro correntes ou concepções contemporâneas que classificam a personalidade jurídica no âmbito internacional. Para a primeira corrente, denominada *clássica*, são detentores de personalidade apenas os Estados e as OIs. A segunda corrente, chamada de *clássica atualizada*, equipara as ONGs às OIs, estendendo àquelas, por consequência, a personalidade jurídica. A terceira corrente, denominada *modernista*, acrescenta à corrente anterior os indivíduos. A quarta, denominada *extensiva*, inclui, ainda, as empresas transnacionais.

ainda prepondera sobre as demais, de personalidade jurídica internacional. Tanto as ONGs quanto os entes subnacionais detêm personalidade jurídica de direito interno e são registrados como entidades em cada Estado em que atuam, seguindo, pois, determinada legislação nacional. Assim, os Estados de origem acabam por se responsabilizar por possíveis atos ilícitos que aqueles atores vierem a praticar.

> **Preste atenção**
>
> No âmbito das relações internacionais, não se discutem a importância e a qualidade de outros atores que não os Estados e as OIs; porém, quando se pretende estabelecer a legitimidade destes, a máxima não se estende ao direito internacional.

De toda sorte, apesar de não disporem dos mecanismos tradicionais de legitimidade, em especial a personalidade jurídica, os atores não estatais como as ONGs e os entes subnacionais conseguem obter seu reconhecimento internacional principalmente em razão da natureza pública de suas causas. A respeito das ONGs, Mônica Herz e Andrea Hoffmann (2004, p. 222) esclarecem as estratégias que estas utilizam para se firmarem e obterem legitimidade no âmbito internacional:

> Em termos das estratégias de atuação das ONGIs[12], podemos diferenciar entre a colaboração com outros atores da política internacional, tais como os Estados ou OIGs[13], e o confronto com esses atores pelas campanhas diretamente direcionadas à opinião pública global, chamando a mudança de políticas adotadas ou reformas específicas. A estratégia mais frequente é atingir a opinião pública de forma direta pela mídia, de forma a fazer pressão sobre a reputação do Estado ou ONGIs, colocando-os em situações embaraçosas. Podemos citar os exemplos da campanha contra a Organização

---

12 No texto original, *ONGIs* significa "organizações não governamentais internacionais".
13 No texto original, *OIGs* significa "organizações intergovernamentais internacionais".

Mundial do Comércio no movimento das ONGIs antiglobalização durante a Conferência Ministerial em Seattle, em 1999, e o caso do Japão nas campanhas do Greenpeace contra a caça às baleias.

Podemos perceber que os atores não estatais atuam em regime de colaboração com os Estados e/ou com as OIs, caso haja conjunção de interesses entre os colaboradores. Por outro lado, havendo confronto ou dissidência de interesses, procuram sensibilizar a opinião pública mundial, elevando, assim, sua legitimidade ao mesmo patamar refletido por suas ações.

Síntese

Neste capítulo, tipificamos as OIs em conformidade com seus traços predominantes. Utilizamos, para tanto, cinco critérios: abrangência, fins, adesão, funções e supranacionalidade. No tocante à abrangência, as OIs podem ter caráter regional, como a OEA e a Otan, ou universal, como a OMC e a OMS. No que se refere aos fins, temos OIs de fins específicos, por exemplo, financeiros, como no caso do Bird e do FMI, e de fins gerais, como no caso da ONU. Quanto à adesão, as OIs podem ser abertas (ONU) ou fechadas (Mercosul). Em relação às funções, destacam-se as OIs de cooperação (OIT) e de integração (UE). Sobre a supranacionalidade, as OIs podem ser tradicionais ou supranacionais.

Vimos, também, que as OIs são criadas por seus membros plenos ou fundadores, normalmente um ou mais Estados, por meio de um tratado constitutivo. Elemento marcante e diferenciador das OIs, presente desde sua criação consubstanciada em seu ato constitutivo, é a necessária manifestação da vontade de seus membros, sinalizando sua verdadeira intenção. As principais características dos tratados-base ou tratados constitutivos são: não têm prazo de duração; dispõem sobre as ratificações mínimas, os fins, as estruturas e as competências institucionais; preveem sanções, medidas preparatórias e regras especiais de emenda ou revisão do próprio ato constitutivo; prevalecem sobre outros tratados; devem ser aceitos integralmente; são interpretados pela própria organização; podem ser inéditos ou derivados. Uma vez criadas, as OIs podem, em conformidade com seu processo de admissão, receber novos membros (adesão), bem como operacionalizar a saída espontânea (retirada ou denúncia ao tratado) ou forçada (expulsão ou exclusão). Ressaltamos que uma organização raramente é dissolvida ou liquidada; o mais comum é que seja sucedida por outra ou se funda com outra.

Tratamos, por fim, a respeito da personalidade jurídica atribuída às OIs, mormente sobre a extensão e sobre as consequências dessa atribuição. A personalidade jurídica das OIs, ou seja, a aptidão para adquirir direitos e contrair deveres, diferentemente da dos Estados – que é irrestrita –, depende de objetivos, funções e competências próprios da organização. As principais consequências decorrentes do reconhecimento da personalidade jurídica das OIs são: poder de celebrar tratados; privilégios e imunidades; sujeição e responsabilidade internacionais; criação de um direito próprio; sucessão; pavilhão e registro de embarcações.

A personalidade própria possibilita à OI estabelecer relações como entidade única e distinta da de seus membros, o que contribui – muitas vezes, de forma imprescindível – não só para a efetividade de seu funcionamento e para a ampliação das agendas diplomáticas internacionais, mas também para o reconhecimento de outros atores internacionais.

Exercício resolvido

1. Sobre a personalidade jurídica internacional, essencial para que uma organização estabeleça relações jurídicas e negociais como entidade única e distinta da de seus membros, marque a única opção correta:

a. O Fundo Monetário Internacional (FMI) não tem personalidade jurídica, pois é vinculado à Organização das Nações Unidas (ONU) e por ela representado.
b. As organizações não governamentais (ONGs), em geral, por atuarem como atores no sistema internacional, inclusive mediante o reconhecimento da opinião pública mundial, adquiriram personalidade jurídica internacional.
c. A personalidade jurídica internacional permite que uma organização de caráter econômico, por exemplo, relacione-se diretamente com outros Estados ou ainda com quaisquer outros atores, inclusive celebrando tratados de assistência técnica em quaisquer áreas funcionais sobre quaisquer temas de ordem global.
d. Em virtude da atribuição de personalidade jurídica internacional a uma organização, esta poderá apresentar reclamações perante a Corte Internacional de Justiça (CIJ), pleiteando indenizações em face de um Estado violador de direitos internacionais.
e. O derradeiro reconhecimento da personalidade jurídica das organizações intergovernamentais não decorreu de tratados internacionais, mas da manifestação expressa e inequívoca, em 1949, da CIJ, no que se chamou de *Caso Bernadotte*. Entendeu a CIJ, naquela oportunidade, que a ONU, entre outras prerrogativas, poderia, em nome próprio, defender seus funcionários e exigir indenizações diretamente daquele causador do dano, uma vez que não teria ela como corresponder às intenções de seus fundadores caso fosse desprovida de personalidade jurídica.

Resposta: e.

O FMI é uma das 15 agências especializadas que, apesar de manterem laços formais com a ONU, integrando o que alguns especialistas preferem chamar de *família das Nações Unidas*, conservam uma independência jurídica e de conteúdo; logo, detêm personalidade jurídica própria.

Ao contrário das organizações intergovernamentais, as ONGs não são criadas por Estados, tampouco reguladas pelo direito internacional, mas pelo direito interno dos Estados em que são constituídas. Não dispõem, em princípio, de personalidade jurídica internacional, em que pese se utilizarem da opinião pública para se firmarem e obterem legitimidade no âmbito internacional. Aliás, em razão da inquestionável prestação de relevantes serviços públicos em escala global, costuma-se atribuir, excepcionalmente, ao Comitê Internacional da Cruz Vermelha (CICV) os mesmos efeitos da personalidade jurídica internacional, podendo esta, inclusive, relacionar-se diretamente com os Estados e com as organizações intergovernamentais no que se refere às matérias abrangidas por seu campo específico de atuação. Reiteramos que o caso do CICV é uma exceção.

A personalidade jurídica não confere amplas e irrestritas competências às OIs, apenas aquelas necessárias ao cumprimento de seus objetivos e ao desempenho de suas funções. Da mesma forma, não é papel das OIs celebrar tratados sem limitação de tema e/ou área de atuação. Assim, em uma organização de caráter econômico, por exemplo, os tratados devem se limitar ao seu âmbito de atuação (economia mundial) e a temas que lhe são pertinentes.

Apesar do aparente contrassenso, nos termos do art. 34 do Estatuto da CIJ, somente os Estados podem deduzir pretensões em face de terceiros. As OIs podem consultar o referido órgão jurisdicional, porém não podem reclamar, em nome próprio, um direito pretensamente violado por terceiros.

Questões para revisão

1. Há uma grande variedade de organizações que compõem o sistema internacional, uma distinta da outra em razão de certas peculiaridades, criando-se, por consequência, tipos específicos. A respeito dos tipos de organizações internacionais intergovernamentais, é **incorreto** afirmar:

    a. Nas organizações universais, o ingresso de novos membros é facilitado, busca-se a inclusão global, ao passo que, nas regionais, os requisitos ou as condições para o ingresso são mais rigorosos, busca-se a exclusão ou seleção, normalmente baseada em critérios de ordem geopolítica.

    b. Quanto à perspectiva de seus fins, as organizações podem ter fins gerais, como a Organização das Nações Unidas (ONU), ou específicos, como a Organização Internacional do Trabalho (OIT) e a Organização Mundial da Saúde (OMS).

    c. As organizações internacionais de integração têm um grau evolutivo inferior, no sentido de complexidade, se comparado ao das organizações internacionais de cooperação.

    d. Os grupos de concertação, diferentemente das organizações internacionais intergovernamentais, não têm personalidade jurídica e têm baixo grau de institucionalização.

    e. Diferentemente das organizações tradicionais, nas organizações supranacionais ocorre a transferência de poderes soberanos dos Estados-membros para um poder supranacional.

2. No que se refere à criação de organizações internacionais intergovernamentais, assinale a opção **incorreta**:
   a. Os tratados que criam as organizações internacionais intergovernamentais são autoaplicáveis, não sendo necessária sua ratificação pelos Estados-membros.
   b. Podem ser criadas por apenas dois Estados, sendo que o tratado concluído entre seus membros fundadores é seu instrumento de criação.
   c. Denominam-se **membros plenos** aqueles que participaram do tratado constitutivo da organização, tendo direitos e deveres originários.
   d. A criação das organizações intergovernamentais pode resultar da manifestação da vontade de um ou mais Estados ou das deliberações de uma organização internacional não governamental.
   e. Os acordos entre os Estados que visem à criação de uma organização intergovernamental não seguem uma forma rígida para sua concretização; basta que seja inequívoca a manifestação das partes interessadas.

3. As organizações intergovernamentais só existem por conta de um tratado que lhes dá vida e institui normas fundamentais. Esses tratados apresentam as seguintes características, **exceto**:
   a. Preveem a criação de órgãos, atribuindo-lhes competências, além de estipularem as funções e os objetivos institucionais.
   b. Contemplam disposições especiais sobre emendas ou revisões do próprio ato constitutivo.
   c. Costumam conter cláusulas de reserva, ou seja, não exigem a aceitação integral de todo o seu conteúdo normativo por parte daquele que ingressa na organização.

d. Estabelecem direitos para seus membros e, em alguns casos, para não membros também.

e. O tratado constitutivo derivado, ao contrário do inédito – que não parte de um outro preexistente –, é aquele que constitui órgãos subsidiários.

4. Avalie as proposições a seguir e marque (V) para as verdadeiras e (F) para as falsas:

( ) Todas as estruturas, associações, concertações ou instituições, desde que apresentem um ou mais Estados e que tenham um alto grau de institucionalização, são tidas, necessariamente, como organizações intergovernamentais.

( ) Podemos dizer que nenhuma organização intergovernamental é completamente aberta, pois, para a admissão de novos membros, exigirá o preenchimento de alguns requisitos, ainda que mínimos.

( ) A "política da cadeira vazia" consiste na faculdade conferida aos membros de uma organização que optam por deixá-la por não mais atender a seus interesses.

( ) Raramente uma organização intergovernamental é sucedida por outra ou se funde com outra; o mais comum é que ocorra sua extinção ou completa liquidação.

( ) Apesar de ser um ator internacional, a organização intergovernamental mantém uma vida vinculada aos Estados que a constituíram, pois não existe sem eles.

Assinale a alternativa correta:
a. F, V, F, F, F.
b. V, F, F, F, F.
c. V, V, F, V, F.
d. F, V, F, V, F.
e. F, F, F, V, F.

5. As organizações internacionais intergovernamentais são dotadas, desde seu nascimento, de personalidade jurídica que lhes assegura as competências necessárias para alcançar os objetivos contidos em seus tratados institutivos. Relacione três consequências decorrentes do reconhecimento da personalidade jurídica conferido a essas organizações.

6. Uma organização internacional intergovernamental pode ser dotada de um poder superior ao das autoridades estatais que a constituíram. A qual tipo de organização estamos nos referindo?

Questão para reflexão

1. No âmbito do direito internacional público, há mais de uma concepção a respeito dos atores que se qualificam como sujeitos do direito internacional: alguns autores defendem que apenas os Estados nacionais e as organizações internacionais intergovernamentais são detentores de direitos e de obrigações na seara internacional, enquanto outros incluem nesse grupo organizações não governamentais (ONGs), entes subnacionais, empresas e indivíduos. Há consenso, contudo, quanto ao relevante papel desempenhado por todos os atores, especialmente as ONGs e os entes subnacionais, no âmbito das relações internacionais. Discorra sobre o papel dos dois últimos atores mencionados nas relações internacionais contemporâneas.

capítulo três

Organizações internacionais: competências, estrutura e recursos

Conteúdos do capítulo:

- Competências (normativa, operacional, executiva, jurisdicional e de controle).
- Órgãos.
- Recursos financeiros e humanos.

Após o estudo deste capítulo, você será capaz de:

1. apontar as diferentes competências atribuídas às organizações internacionais;
2. correlacionar o exercício das funções das organizações internacionais com a consequente distribuição de competência;
3. compreender de que maneira as organizações internacionais são estruturadas e como funcionam internamente;
4. analisar a importância e os impactos da existência e do emprego eficaz de recursos materiais para as organizações internacionais;
5. identificar as fontes de receita das organizações internacionais;
6. caracterizar os agentes e os funcionários internacionais;
7. constatar a necessidade ou não de se concederem certos privilégios e imunidades às organizações internacionais como elementos condicionantes do funcionamento regular destas.

Os Estados criaram – e ainda criam – as organizações internacionais (OIs) na esperança de que estas contribuam para prevenir e apaziguar conflitos outrora tratados unicamente por meio de procedimentos diplomáticos tradicionais. Com isso, as OIs passaram a tratar de determinados assuntos antes monopolizados pelos Estados interessados. Assim, o acompanhamento de certos atos interestatais passou a ser uma das funções das OIs. Elas, então, tornaram-se espaços para tratar das questões do relacionamento entre os Estados e outros atores internacionais, ou seja, houve uma institucionalização do ambiente de discussões sobre as relações internacionais.

O surgimento das organizações trouxe inovações, como o estabelecimento de um canal integrador entre os povos, capaz, inclusive, de enfrentar e conformar diferentes forças nacionais antagônicas ou dissidentes. Nas palavras de Celso Mello (2002, p. 600-601),

> elas são superestruturas da sociedade internacional, ao tempo que são o produto das relações internacionais, constroem essas mesmas relações, seja influindo nas decisões estatais, engendrando meios de controle de conflitos, favorecendo a comunicação entre Estados, constituindo mecanismos de tomada de decisão, confluindo para a segurança dos Estados, para a proteção dos direitos humanos, legitimando ações e situações, internacionalizando questões e podendo limitar o poder dos grandes.

Para fazer frente a toda essa gama de funções e de objetivos, faz-se imperioso subsidiar as organizações dos meios e os instrumentos (materiais e imateriais) necessários. É necessário atribuir-lhes competências, construir instalações e estruturas e disponibilizar recursos materiais. Neste capítulo, estudaremos, portanto – sem qualquer pretensão de esgotar o assunto –, as competências, as estruturas e os recursos das OIs.

3.1 Competências

O nascimento das OIs se dá por meio de um tratado, o qual, além de ditar as regras básicas de regência da entidade que nasce, investe-a das respectivas competências.

O tratado constitutivo, como já salientamos, pode ser interpretado de maneira mais ampla, elastecida, alcançado, assim, não só as competências explícitas (expressas no texto do ato constitutivo e facilmente compreendidas), como também as implícitas (não registradas, porém facilmente deduzidas, uma vez que são essenciais ao exercício das funções e à perseguição dos objetivos da organização).

Às OIs podem ser atribuídas, fundamentalmente, as seguintes competências:
- normativa;
- operacional;
- executiva;
- jurisdicional;
- de controle.

A **competência normativa** diz respeito à edição de normas/decisões (expedição de atos normativos) de caráter interno (com foco na própria organização, incluindo seus membros) ou externo (dirigidas a Estados ou a outras OIs).

A autonormatividade (ou competência normativa interna) garante às OIs a continuidade de seu funcionamento, além de propiciar-lhes as adaptações necessárias em razão das transformações no ambiente internacional, próximo ou global, em que estão inseridas, possibilitando-lhes que busquem, sem distanciamento, os objetivos fixados em sua carta constitutiva.

Alguns atos normativos internos têm alcance individual, como a nomeação de agentes vinculados às organizações. Outros são de alcance geral, como a regulamentação interna dos diferentes órgãos e a edição do estatuto dos agentes.

As OIs desencadeiam efeitos externos. A busca pela cooperação dos Estados, de outras OIs e até da comunidade internacional é seu maior desafio. Para isso, utilizam-se da competência normativa externa, especialmente para captar compromissos (de Estados e de outros atores) e anunciar políticas regulatórias. Isso se manifesta essencialmente pelo uso dos seguintes instrumentos normativos:

1. Convenções: são tratados concluídos entre os Estados, membros ou não, e as OIs ou entre estas e outras organizações. As OIs convocam, coordenam e operacionalizam a participação externa com vistas à realização de uma conferência que resulte na conclusão de um tratado entre os participantes.
2. Regulamentos: referem-se a normas de predominância técnica do convívio internacional que visam uniformizar condutas dos Estados-membros perante situações comuns. Nesse passo, por exemplo, a Organização Mundial da Saúde (OMS) emite regulamentos sanitários que, entre outras regras, estabelecem a obrigatoriedade de comunicar aos demais países a ocorrência de epidemias, a generalização de quarentenas e os cuidados a serem tomados em caso de migrações populacionais em massa. A União Internacional de Telecomunicações (UIT), igualmente, lança mão de regulamentos que visam manter e ampliar a cooperação internacional para a melhoria e a utilização racional de todo tipo de telecomunicações.
3. Recomendações: dizem respeito a resoluções desprovidas de obrigatoriedade de um órgão internacional apresentadas a um ou mais destinatários (Estados ou organizações), na forma de proposta, convite à adoção de determinado comportamento, ação ou abstenção. Manifestam um desejo, um conselho, uma intenção de cooperação, mas jamais uma obrigação. A aprovação (adesão) de uma recomendação depende da receptividade manifestada pelos destinatários. Sua significância e eficácia podem variar em razão do maior

ou menor número de Estados e organizações que a aprovarem. As recomendações também podem introduzir novas linhas de pensamento e tendência, influenciando mudanças ou manutenções de paradigmas. Podem até mesmo funcionar como meios de pressão política, como ocorreu com a Organização das Nações Unidas para a Educação, a Ciência e a Cultura (Unesco) durante os anos de 1980, que levou os Estados Unidos a suspender, por vários anos, sua participação na organização. Além disso, os destinatários são levados a, ao menos, examiná-las e a se posicionarem quanto a sua adoção. Afinal, a recomendação, que presumivelmente foi negociada, redigida e divulgada dentro dos trâmites da legalidade, representa a opinião da organização na qual o destinatário escolheu livremente ingressar. A Organização Internacional do Trabalho (OIT), por exemplo, emite recomendações com mecanismos de controle, ou seja, exige que o Estado que não se dispõe a adotá-las apresente suas razões.

Para saber mais

Sobre as recomendações da OIT, indicamos as seguintes leituras:

BICHARA, J-P.; VITOR, R. R. Por uma efetividade das normas internacionais de proteção ao trabalhador. **Revista Paradigma**, Ribeirão Preto, n. 22, p. 197-217, jan./dez. 2013. Disponível em: <http://www9.unaerp.br/revistas/index.php/paradigma/article/view/230/322>. Acesso em: 24 ago. 2015.

FONTOURA, J.; GUNTHER, L. E. A natureza jurídica e a efetividade das recomendações da OIT. **Revista de Informação Legislativa**, Brasília, v. 38, n. 150, p. 195-204, abr./jun. 2001. Disponível em: <http://www2.senado.leg.br/bdsf/bitstream/handle/id/689/r150-13.pdf?sequence=4>. Acesso em: 24 ago. 2015.

> **Preste atenção**
>
> A falta de força obrigatória das recomendações não significa que elas não desencadeiem nenhum efeito. Elas, no mínimo, criam um ambiente favorável ao encaminhamento de soluções aos problemas que pretendem enfrentar.

A **competência operacional** diz respeito a atividades externas, de longo prazo ou temporárias, nos domínios administrativo, econômico, financeiro, social e/ou técnico de países necessitados. Em geral, as operações de longo prazo ocorrem nos países em desenvolvimento. Exemplo disso são os auxílios técnicos, econômicos e sociais prestados – até mesmo de forma permanente – a alguns Estados-membros extremamente débeis. Outros exemplos são as ações para a manutenção da paz e o desenvolvimento de programas de ajuda humanitária. Já as operações temporárias podem ocorrer em quaisquer países que estejam transitoriamente necessitados em virtude de catástrofes naturais, desastres aéreos e ambientais, crises políticas ou econômicas de grande proporção, epidemias não controladas ou injustas e prejudiciais invasões militares, entre outros problemas.

Cumpre-nos ponderar que a efetividade dessas operações depende não só da atribuição de competências, mas também do volume de recursos materiais e imateriais disponíveis, o que justifica o comprometimento da maior parte dos orçamentos das OIs para o atendimento a suas ações operacionais.

A **competência executiva** diz respeito à faculdade de as OIs executarem suas ações, imporem suas decisões externamente em face dos Estados soberanos e de outras organizações. Quando exercem esse poder de natureza executiva, as organizações mostram-se, de fato, como autoridades públicas internacionais.

Nas organizações de cooperação, a competência executiva é exceção (até mesmo a Organização das Nações Unidas – ONU não tem força impositiva sobre os Estados-membros permanentes do

Conselho de Segurança), mas é regra nas OIs de integração total, como ocorre na União Europeia (UE). Afinal, a autoaplicabilidade das decisões, bem como a generalização desse poder decisório, é um fator supranacional que facilita o exercício da função integradora.

Por gravitar muito próximo a uma ingerência nos assuntos internos dos Estados, a competência executiva fica, na maior parte das vezes, confinada em limites estreitos, geralmente afetos à manutenção da paz e da segurança internacionais e a problemas técnicos (padronização de normas internacionais, como os regulamentos sanitários da OMS). Ricardo Seitenfus (2012) vai mais além, ressaltando que, a depender de circunstâncias específicas e da interpretação dada aos compromissos assumidos pelos Estados-membros, a competência executiva poderá ser exercida somente contra os países mais débeis.

A **competência jurisdicional** está relacionada à solução de controvérsias e de conflitos por meio de mecanismos de resolução e de apaziguamento. A competência jurisdicional das OIs distingue-se daquela exercida pelo Estado, mais precisamente pelo Poder Judiciário. Enquanto esta é obrigatória, irrestrita (sobre quaisquer assuntos) e independe da vontade das partes, aquela é facultativa, restrita e dependente da manifestação de vontade. Portanto, a amplitude de competência jurisdicional atribuída às OIs é limitada pela vontade de seus membros.

A competência jurisdicional das OIs, em sua maior amplitude, compreende os seguintes atos:

    a. prolação de decisões sobre disputas legais;
    b. julgamento de casos que envolvam violação de direitos;
    c. interpretação de tratados;
    d. emissão de pareceres consultivos (declaratórios, modificativos ou anulatórios[1]);
    e. declaração da existência de fatos que desafiam uma reparação pela parte infratora;

---

1 A Corte Internacional de Justiça (CIJ), por exemplo, pode ser instada a se pronunciar sobre relatórios elaborados no âmbito da OIT, confirmando-os, modificando-os e até anulando-os.

f. delimitação e fixação de reparações;
g. execução de suas próprias sentenças.

Por fim, há a **competência de controle**, que consiste no processo de averiguação e comparação dos resultados das ações tomadas pelos membros de uma organização com padrões com que estes se comprometeram previamente, com vistas a corrigi-las, se necessário.

O controle pode ser essencialmente político (verificação de compromissos e prerrogativas definidos pela organização), técnico (constatação de padrões e especificações) ou jurisdicional (aplicação de normas). Na ONU, por exemplo, o Conselho de Segurança exerce um controle político, ao passo que o controle técnico é exercido pelas organizações especializadas e o jurisdicional, pela Corte Internacional de Justiça (CIJ).

A iniciativa do processo de controle pode partir de um Estado, quando este denuncia infrações de direitos humanos, trabalhistas ou comerciais por parte de outra entidade. A própria organização, com base em relatórios de seus membros, em denúncias de terceiro ou em inspeções de seus agentes, pode dar início ao controle. Ainda, pessoas ou grupos podem, diretamente, desencadear o controle em casos de desrespeito a direitos humanos, violações trabalhistas ou transgressões ao direito de guerra.

> **Preste atenção!**
>
> As organizações são investidas da medida exata de competência para o exercício de suas funções e para a perseguição de seus objetivos. A competência de controle, por sua vez, confere se as competências (normativa, operacional, executiva e jurisdicional) estão sendo exercidas dentro dos limites delineados pelo tratado constitutivo ou pela expressa vontade posterior. Assim, eventuais desvios, extrapolações ou sobreposições (de funções e objetivos) devem ser imediatamente corrigidos. Há que se respeitar o princípio da especialidade.

Sobre a incidência do controle, Seitenfus (2012) ressalta que no caso da UE há um verdadeiro assédio sobre os Estados-membros; já nas demais OIs, esse assédio é meramente simbólico, dependendo, invariavelmente, da publicidade como forma de pressão da opinião pública em face do Estado supostamente infrator.

3.2 *Estrutura*

Os tratados constitutivos dão vida às OIs, isto é, criam entidades capazes de assumir personalidade jurídica distinta da de seus membros. Além disso, para dar corpo a essas criaturas, o próprio ato constitutivo dispõe, em um primeiro momento, a respeito da estrutura, bem como orienta no tocante ao funcionamento desta. A estruturação e o funcionamento das OIs, por seu turno, são instituídas por meio dos órgãos[2] que as compõem. A estes também se atribuem as competências. Aliás, a criação de órgãos é a mais clara manifestação, por parte dos membros, do estabelecimento de uma instituição permanente. Começa aqui a institucionalização das OIs.

> **Pense a respeito**
>
> Apesar de haver um vínculo formal entre as organizações especializadas da família da ONU e a própria ONU, elas guardam certa independência ou autonomia umas em relação às outras. Nada impede, por exemplo, que sejam compostas por Estados que não façam parte das Nações Unidas. Sobre esse aspecto, Seitenfus (2012, p. 184) lança-nos uma grave questão: "como coordenar ações que apresentam objetivos próximos ou semelhantes, como no caso das iniciativas do campo socioeconômico, se cada instituição especializada entende por preservar sua independência?".

---

2 Os órgãos não se confundem com as organizações ou instituições especializadas, tais como aquelas da família das Nações Unidas (FAO, OIT, FMI, entre outras). Só estas têm personalidade jurídica própria.

É possível perceber que as OIs constituem-se por si próprias, estabelecem objetivos, estrutura, competências e forma de operação. E tudo isso ocorre como expressão da vontade manifestada por meio de seus órgãos. Os órgãos originários podem, no futuro, modificar-se, extinguir-se ou, ainda, criar novos órgãos, seja porque o ato constitutivo pode ser revisto, seja porque a organização assim deseja (deliberação de seus membros).

Os membros que integram os órgãos podem ser representantes dos Estados ou agentes internacionais independentes de quaisquer Estados. Com isso, vemos a existência de dois tipos de órgãos: aqueles cujos membros são representantes dos Estados-membros e aqueles cujo funcionamento está confiado a agentes internacionais.

> **Pense a respeito**
>
> Os agentes internacionais normalmente não são funcionários dos países de origem, mas não é raro que sejam assiduamente apoiados e até fervorosamente incentivados por estes quando candidatos a algum cargo nas organizações. Será que esses agentes, quando nomeados ou eleitos, têm total liberdade de atuação sem qualquer intervenção ou influência por parte de seu Estado natal?

Os órgãos compostos por agentes internacionais asseguram, essencialmente, o funcionamento contínuo e regular da organização, respondendo, por consequência, às necessidades dos Estados-membros. Exemplo disso é o Secretariado da ONU, órgão administrativo, gerenciado por um secretário-geral, o funcionário mais graduado da instituição, que tem responsabilidades burocráticas e técnicas, mas que não deve ser influenciado por nenhum dos Estados-membros.

Os representantes dos Estados-membros, em geral, são agentes diplomáticos[3]; porém, algumas organizações exigem outras formas de representação, como a OMS, cujos membros do Conselho Executivo devem ser, necessariamente, especialistas da área de saúde. Na OIT, cada Estado-membro é representado por quatro delegados: dois agentes diplomáticos, um representante dos trabalhadores e um representante dos empresários.

Os órgãos compostos por representantes dos Estados-membros podem ser plenos ou restritos. Serão plenos se a todos os Estados-membros for facultado o direito de participar de deliberações e votações, normalmente em igualdade de condições. Por sua vez, serão restritos se a participação limitar-se a um grupo seleto de Estados-membros, como emblematicamente ocorre com o Conselho de Segurança das Nações Unidas (CSNU), o qual é composto por cinco membros permanentes (Estados Unidos da América, Reino Unido, França, Rússia e China) e dez membros não permanentes (cinco divididos entre África e Ásia, dois da América Latina, dois da Europa Ocidental e um da Europa Oriental), que exercem um mandato de dois anos.

A subordinação dos órgãos restritos aos plenos, a diminuição de competências dos órgãos restritos, a designação pelos plenos de membros dos órgãos restritos e o aumento do número de membros dos órgãos restritos são alguns exemplos de mecanismos utilizados pelas OIs para assegurar maior igualdade jurídica para os Estados-membros não participantes dos órgãos restritos.

Assim, os Estados que participam concomitantemente tanto dos órgãos plenos quantos dos órgãos restritos detêm, invariavelmente, maior poder de mando na organização, se comparados àqueles cuja participação se restringe a um ou a outro órgão.

---

3 São agentes diplomáticos todas as pessoas físicas integrantes de uma missão, isto é, os membros do quadro diplomático de carreira e os membros dos quadros administrativo e técnico (embaixadores, administradores, secretários, tradutores, técnicos, enfim, todo e qualquer representante do Estado no exterior). Fazem a intermediação entre o governo do país que representam e o daquele junto ao qual estão acreditados (país que os recebeu).

De acordo com Mello (2002), a estrutura interna de uma OI varia de acordo com suas finalidades; no entanto, de modo geral, elas apresentam: uma assembleia (órgão deliberativo pleno, com a participação de todos os membros), um conselho (órgão executivo restrito, com a participação de apenas alguns Estados-membros) e um secretariado (órgão administrativo restrito, confiado a agentes internacionais ou a especialistas).

A **assembleia** costuma reunir-se anualmente de forma regular (sessões ordinárias), mas pode, também, ser convocada excepcionalmente (sessões extraordinárias). Em geral, a assembleia é uma arena para se discutirem quaisquer questões ou assuntos relacionados à OI. Sua manifestação de vontade se materializa, na maioria dos casos, por meio de resoluções e/ou de recomendações. A admissão de novos membros, a eleição de membros de outros órgãos, a aprovação do orçamento e a revisão do ato constitutivo são atribuições típicas da assembleia.

Ao **conselho** cabe, primordialmente, executar as deliberações dos demais órgãos. Por isso, suas decisões são impositivas, todos os membros devem acatá-las e, caso não o façam espontaneamente, correrão o risco de sofrer sanções, as quais podem ser econômicas, alfandegárias e militares (com o emprego de força beligerante).

O **secretariado** dedica-se, fundamentalmente, a executar tarefas determinadas pela assembleia e/ou pelo conselho, a preparar o orçamento da organização, a submeter um relatório anual à assembleia e a desenvolver estudos sobre diferentes problemas afetos à organização. O chefe do secretariado, o secretário-geral ou o diretor-geral, além de ser o mais alto funcionário da organização, pode ter atribuições políticas e militares. O secretário-geral da ONU, por exemplo, pode sugerir ao CSNU – bem como influenciá-lo – que tome medidas as quais a seu juízo possam ser indispensáveis para a manutenção da paz e para a segurança internacional. Sobre a crucial importância do secretário da ONU na prevenção e limitação de crises, Mônica Herz e Andrea Hoffmann (2004, p. 92) ponderam que

A personalidade e a postura dos diferentes secretários, além do momento histórico em que exerceram o cargo, tiveram um impacto sobre sua atuação, tendo secretários como Dag Hammarskjold e Boutros Boutros-Ghali elaborado propostas que, muitas vezes, intervinham no processo político. Seu mandato de cinco anos é renovável apenas uma vez. O secretário exerce uma função de liderança, e suas atividades expressam e simbolizam o lugar da ONU como ator no sistema internacional.

A assembleia, o conselho e o secretariado podem, também, criar órgãos subsidiários para auxiliá-los no desempenho de suas competências, as chamadas **comissões**: política, econômica, social, tutelar, administrativa, financeira e jurídica.

> **Preste atenção!**
>
> Sejam plenos, sejam restritos, os órgãos compostos por Estados-membros ainda correspondem à maioria quantitativa e qualitativa nas OIs. Os representantes dos Estados-membros, por sua vez, como o nome indica, devem seguir fielmente as instruções de seu representante, sem margem para qualquer descaminho. Na verdade, estamos diante de relações multilaterais entre Estados. A plena participação em uma OI, ao que parece, vincula-se exclusivamente aos Estados e decorre, justamente, do fato de que estes dispõem de soberania, e seu ingresso em uma OI constitui um evidente exercício de soberania (Seitenfus, 2012).

As OIs, às vezes, criam órgãos específicos independentes (ainda que vinculados a outros órgãos) dotados de ampla competência jurisdicional.

Ao contrário do que possa parecer, em regra, para que os órgãos jurisdicionais passem a atuar, é necessário que todas as partes envolvidas em uma disputa reconheçam sua competência. Cabe, portanto, às partes (atores internacionais) decidir sobre a conveniência ou não de submeterem questões a esses órgãos, bem como estabelecer precisamente a matéria que será objeto de apreciação.

É comum os órgãos jurisdicionais contemplarem cláusulas facultativas de jurisdição[4] obrigatória, ou seja, a obrigatoriedade da jurisdição somente para Estados que manifestarem sua concordância. Com isso, ninguém estará sujeito a decisões desse órgão sem que, para tanto, apresente, prévia ou concomitantemente, consentimento. Havendo esse consentimento, no entanto, a decisão tomada pelo órgão é definitiva e não permite recurso.

Preste atenção!

Na acepção jurídica dos termos, *jurisdição* e *competência* não se confundem. Por *jurisdição* entende-se a função típica do Estado soberano, o poder-dever de aplicar a lei a fim de resolver conflitos. Dessa forma, o Estado tem o poder jurisdicional, artifício que impede excessos e gera maior segurança social. A atividade jurisdicional, por sua vez, pressupõe a necessidade de organização e divisão de atividades, ou seja, leva o Estado a atribuir competências. A competência, portanto, define o âmbito do exercício da atividade jurisdicional. Com certas adaptações, notadamente quanto a aspectos ligados à obrigatoriedade e à soberania, a jurisdição e a competência, no âmbito internacional – isto é, relacionadas às OIs –, seguem a mesma diferenciação concernente aos Estados: a jurisdição é a interpretação e aplicação do direito ao caso concreto, e a competência diz respeito à organização/distribuição da atividade jurisdicional.

O sistema internacional conta com diversos órgãos jurisdicionais, dotados de competências específicas definidas em função das partes envolvidas, da matéria em discussão, do valor da causa, entre outros aspectos.

---

4 Poder atribuído a uma autoridade para dizer o direito e, em alguns casos, fazer cumprir, ou até punir, aquele que não cumpre a norma.

A Corte Permanente de Arbitragem (CPA), por exemplo, é competente em todos os casos que lhe sejam submetidos, desde que as partes (que podem ser quaisquer atores internacionais) assim o manifestem expressamente. Aplica, especialmente, a arbitragem, a conciliação e a mediação[5].

O Tribunal Irã-Estados Unidos (Tieu) é competente para julgar reclamações propostas por particulares (pessoas físicas e jurídicas) ou Estados (Irã e Estados Unidos) decorrentes da crise havida entre esses dois países, desde que não abrangidas pelos Acordos de Argel[6] de 1981 e também não ultrapassem o valor de 250 mil dólares. De maneira geral, a competência do tribunal alcança as controvérsias decorrentes de dívidas, contratos, expropriações ou medidas que afetem direitos de propriedade dos nacionais daqueles países.

O Tribunal Especial para o Líbano (TEL), criado em 2007 pelo CSNU, com base em um acordo bilateral entre a ONU e a República do Líbano, é competente para julgar os responsáveis pelo assassinato do primeiro-ministro libanês Rafik Hariri, vítima de um atentado que matou outras 22 pessoas em fevereiro de 2005.

Também merecem destaque outros sete órgãos jurisdicionais internacionais: dois vinculados à ONU (CIJ e Tribunal Penal Internacional – TPI); outros dois ao CSNU (Tribunal Penal Internacional para o Ruanda – Tpir e Tribunal Penal Internacional para a ex-Iugoslávia – TPII); um à UE (Tribunal de Justiça da União Europeia – TJUE); um ao Conselho da Europa (Corte Europeia dos Direitos do Homem – CEDH); e um à Organização dos Estados Americanos – OEA (Comissão Interamericana de Direitos Humanos – CIDH).

---

5 São formas alternativas e informais para solução dos conflitos que socializam o processo de entendimento entre os dissidentes e aceleram a resolução dos problemas.

6 A República Democrática e Popular da Argélia serviu de intermediária em busca de uma solução mutuamente aceitável para a crise que se intensificou, nos anos de 1980, nas relações entre o Irã e os Estados Unidos da América. Com base em compromissos interdependentes assumidos pelos países acordantes, redigiu, em 19 de janeiro de 1981, uma Declaração Geral prevendo as bases para a resolução de diversos conflitos, documento que ficou conhecido como *Acordos de Argel de 1981*.

> **Para saber mais**
>
> Em janeiro de 2014, a CIJ pôs fim a uma disputa marítima entre Chile e Peru que se arrastava havia mais de cem anos. A nova delimitação diz respeito a uma faixa marítima de 38 mil km² de extensão, em uma região rica em recursos pesqueiros no oceano Pacífico. Para saber mais, acesse:
>
> BBC. **Corte de Haia põe fim à disputa histórica entre Chile e Peru.** Londres, 27 jan. 2014. Disponível em: <http://www.bbc.com/portuguese/noticias/2014/01/140127_haia_decisao_chile_peru_fn>. Acesso em: 24 ago. 2015.

Apesar dos avanços, os órgãos jurisdicionais estão longe de transcender o caráter meramente regulador das OIs para se transformarem em distribuidores de justiça no âmbito internacional (Seitenfus, 2012).

As organizações precisam de instalações físicas para funcionar. Entretanto, por não possuírem território, dependem de que algum Estado lhes ceda uma parcela de seu território onde elas possam se estabelecer. Essa cessão ocorre por meio de um tratado bilateral entre a organização cessionária e o Estado cedente, o chamado *acordo de sede*. Uma organização pode celebrar acordos de sede com mais de um Estado, como é o caso da ONU, que tem sua sede principal em Nova Iorque (Estados Unidos), mantém escritório em Genebra (Suíça) e um tribunal, a CIJ, em Haia (Países Baixos), além de postos espalhados por todo o globo, como em Viena (Áustria) e Nairóbi (Quênia). Aliás, a ONU, por vezes, exerce temporariamente certas competências territoriais, normalmente relacionadas a intrincados processos de descolonização, tal qual sucedeu no Irã e no Camboja.

3.3 Recursos

Para enfrentarem os gastos oriundos de suas atividades e manterem a estrutura em funcionamento, as OIs necessitam de dinheiro e de pessoas, isto é, precisam de recursos financeiros e humanos, respectivamente.

Folha de pagamento dos secretariados, manutenção de instalações e de equipamentos e custeio de programas assistenciais, de missões pacificadoras, de ajudas humanitárias e de auxílio econômico são apenas algumas das possíveis despesas que compõem o orçamento de uma OI.

Os exemplos citados revelam a existência de pelo menos dois tipos de despesas: as fixas (gastos administrativos ordinários empregados no funcionamento da organização) e as variáveis (relacionadas a programas e atividades específicos).

As despesas das OIs variam segundo sua estrutura, suas funções, seus objetivos e seus programas específicos. Em geral, as despesas variáveis representam a maior parte dos gastos da organização. Aliás, as organizações têm ampliado seus programas, particularmente no que se refere ao socorro aos necessitados e ao apoio ao desenvolvimento, afinal, é crescente a ocorrência de catástrofes e de incidentes internacionais de grande proporção. Por isso, a receita empregada nesses programas não tem sido suficiente para sanar todas as necessidades decorrentes. Nesse contexto, é pertinente o escólio de Seitenfus (2012, p. 94):

> A catástrofe natural ocorrida no final de 2004 no sudeste asiático mobilizou recursos humanos e financeiros sem precedentes. Os organismos vinculados às Nações Unidas foram submersos por uma "tsunami" de doações que tornou difícil a gestão e ao controle. Ora, paralelamente outras regiões do mundo com prementes necessidades encontram dificuldades em obter apoio internacional. Trata-se, por exemplo, dos casos do Haiti e da região de Darfur (Sudão).

A instabilidade política haitiana explica-se, entre outras razões, por um estado de crônico e profundo subdesenvolvimento econômico. No caso do Darfur, o mundo assiste insensível a um drama humanitário que afeta dois milhões de indivíduos. Portanto, para fazer frente a estas duas crises os responsáveis pelas operações de emergência das agências internacionais receberam menos de 20% do total das necessidades.

Diferentemente dos Estados, as OIs não geram renda própria, salvo raras exceções (como a UE, que dispõe de uma receita fiscal mínima; a ONU e a Fundação das Nações Unidas para a Infância – Unicef, que se beneficiam da venda de selos e de publicações próprias).

Uma importante fonte de receita provém de doações voluntárias de Estados, de organizações e até mesmo de particulares. Nesses casos, porém, não se trata de uma receita ordinária, mas extraordinária (sem qualquer previsibilidade orçamentária) e, normalmente, com destinação específica (direcionada a certos projetos de interesse do doador).

Pelo que podemos perceber, as OIs não dispõem de autonomia financeira, por isso dependem, quase exclusivamente, das contribuições dos Estados-membros.

A cotização da contribuição que cada Estado-membro fará à organização é estipulada pelo tratado constitutivo ou por um órgão com essa competência (normalmente, a assembleia). Na maioria dos casos, as cotizações são desiguais, consideram critérios de hierarquização dos Estados-membros ou a capacidade de pagamento destes, mensurada, normalmente, com base no produto interno bruto de cada país. Shiguendi Miyamoto e Paulo Manduca (2004, p. 45-48) arrematam:

> Como se sabe, o funcionamento da organização depende do auxílio financeiro de seus membros, com parcelas mais substantivas cabendo aos países mais ricos. Destarte, a Organização das Nações

Unidas encontrou-se aprisionada pelas grandes potências porque qualquer tentativa de críticas ou sanções contra elas seria estéril. Em primeiro lugar, porque não se submetem a tais pressões. Em segundo lugar, se penalidades lhes fossem aplicadas, provavelmente abandonariam a organização, debilitando-a, tornando-a inoperante e menos representativa. Em terceiro lugar a saída de grandes potências como os Estados Unidos poderia inviabilizar economicamente a entidade.

Algumas OIs estabelecem critérios progressivos entre uma cota mínima e um teto máximo para a contribuição. Na ONU, por exemplo, o teto máximo para a cota individual é de 22% (percentual atualmente arcado pelos Estados Unidos) da receita total, e o mínimo, 0,01% (destinado aos Estados menos desenvolvidos)[7]. Essa desproporcional distribuição de encargos financeiros desperta dúvida quanto à igualdade entre os membros ou à excessiva influência de um único membro, nomeadamente os Estados Unidos. Excepcionalmente, algumas organizações, como a Organização dos Países Exportadores de Petróleo (Opep) e o bloco regional Mercado Comum do Sul (Mercosul), estabelecem contribuições universais, em cota única, sem distinguir os contribuintes.

> **Pense a respeito**
>
> O orçamento anual da ONU oscila em torno de 5 bilhões de dólares, o que, invariavelmente, não tem sido suficiente para dar conta de todos os seus compromissos relacionados à segurança coletiva e à cooperação funcional.
>
> Em sua opinião, essa dotação orçamentária é excessiva, precisa ser ampliada ou os recursos financeiros devem ser mais bem utilizados?

Dificuldades financeiras assolam frequentemente as OIs, uma vez que os pagamentos das contribuições costumam ocorrer com atraso e há membros que acumulam consideráveis débitos com

---

[7] Resolução n. 55/5 B-F da Assembleia Geral da ONU, de 22 de janeiro de 2000.

as organizações. Essas regularidades poderiam redundar na suspensão do direito de voto e até na supressão do direito de voz do membro que não cumpre suas obrigações financeiras. No entanto, essas sanções dificilmente são impostas e as dívidas raramente são cobradas. O Brasil, por exemplo, deve atualmente 184 milhões de dólares para a ONU, o que pode render-lhe a perda do direito de votar em órgãos como a CIP e a Unesco.

O contínuo funcionamento das OIs não pode ser assegurado senão mediante o trabalho dos chamados **agentes internacionais**, pessoas que, em síntese, devem responder às necessidades do conjunto de membros e da própria organização.

As principais tarefas desempenhadas por esses agentes são: favorecer a busca de soluções, garantir a permanência dos órgãos a que estão vinculados, guardar a memória organizacional, supervisionar sua própria atuação, criar um ambiente propício para a realização e o desenvolvimento de projetos e de negociações internacionais. Portanto, a depender da complexidade da estrutura e do perfil de cada organização, exercem funções administrativas, técnicas ou de representação. O número de pessoal, igualmente, pode variar de uma organização para outra. O sistema ONU, incluídos os órgãos e as agências, por exemplo, segundo Seitenfus (2012), em razão de sua complexidade e abrangência, conta com 73 mil agentes efetivos.

Há pelo menos quatro tipos de agentes internacionais:

1. **Especialistas**: prestam serviços técnicos de natureza eventual ou temporária, com funções e tarefas específicas definidas em contrato. Não dispõem de qualquer privilégio ou imunidade. Também não há exclusividade; podem prestar serviços a terceiros, desde que isso não prejudique o cumprimento das obrigações assumidas contratualmente com a OI.
2. **Designados**: são funcionários nacionais postos à disposição da organização pelo procedimento da designação permanente ou temporária. Em geral, exercem funções administrativas e de apoio relacionadas às atividades de mantença

da estrutura da própria organização; logo, são desprovidos de quaisquer proteções especiais.
3. **Representantes com capacitação técnica**: são profissionais indicados pelos Estados-membros para compor a alta cúpula da organização. São funcionários regulares que gozam de privilégios e imunidades.
4. **Funcionários internacionais plenos**: são recrutados por concurso público e constituem o corpo funcional permanente da organização. Beneficiam-se, evidentemente, de proteções especiais.

Somente são considerados funcionários internacionais aqueles que estão a serviço da organização de maneira contínua, agindo em nome desta e submetidos às normas próprias (tratado constitutivo, regulamento ou estatuto da organização). Suas principais características são multinacionalidade, exclusividade, imparcialidade e independência.

Não importam a nacionalidade, a raça, o credo, a cultura ou o sexo. São critérios de mérito (competência profissional e intelectual) e de necessidades operacionais que determinam o ingresso de funcionários internacionais. Na ONU, por exemplo, essa multinacionalidade transparece na variedade de culturas e de idiomas oficiais contemplados pela organização (inglês, russo, francês, espanhol, chinês e árabe).

Os funcionários internacionais são exclusivos, ou seja, não se submetem a Estados – especialmente àquele que lhes concede a nacionalidade – ou a outras organizações (públicas, privadas ou internacionais).

A imparcialidade diz respeito à objetividade e à neutralidade, características que devem pautar a conduta do funcionário. Nem mesmo sua nacionalidade ou pressões externas advindas das mais variadas fontes devem influir no desempenho de suas funções.

Quanto à independência, os funcionários internacionais, sem perder sua nacionalidade originária, devem atuar de modo autônomo, desvinculado das influências de seu país de origem ou de qualquer outra pessoa ou entidade externa à organização. Afinal, não mais atendem aos interesses individuais daquele país, porque respondem aos interesses do conjunto de membros da organização que os designaram. Além disso, são obrigados a um dever de reserva (manutenção de segredos profissionais), o que lhes impede de solicitar instruções de terceiros (notadamente, de seu Estado natal) e de discutir sobre os temas.

Bem ilustra a necessária independência dos funcionários internacionais o exemplo apresentado por Herz e Hoffmann (2004, p. 21-22):

> Um caso que exemplifica o problema em pauta é a crise que envolveu a demissão de 18 funcionários norte-americanos em 1952-53. No contexto dos expurgos anticomunistas nos Estados Unidos, funcionários foram acusados de terem inclinações comunistas. Com a recusa de testemunhar diante do Subcomitê de Segurança Interna, dirigido pelo Senador Joseph MacCarthy, o secretário-geral Thyge Lie decidiu, em meio a uma crise sem precedentes, demiti-los e permitiu investigações dentro da ONU por parte do FBI e da Comissão de Serviço Público dos Estados Unidos. O debate gerado por esse evento favoreceu o fortalecimento da independência do Secretariado, e Dag Hammarskjold, sucessor de Lie, retirou a permissão para as investigações norte-americanas.

Os funcionários internacionais, quando no exercício de suas funções, beneficiam-se, por extensão, da proteção funcional, que consiste em um regime de prerrogativas asseguradas às OIs. Não fosse a criação desse regime especial, as OIs não poderiam funcionar regularmente, tampouco teriam condições de buscar os objetivos almejados em seus tratados constitutivos.

Dessa maneira, as primeiras convenções internacionais que trataram do tema foram a Convenção Geral dos Privilégios e Imunidades das Nações Unidas (1946) e a Convenção sobre Privilégios e Imunidades das Agências Especializadas (1947).

Na sequência, a Convenção sobre o Direito dos Tratados entre Estados e Organizações Internacionais ou entre Organizações Internacionais (1986) revitalizou o tema, sobretudo ao tratar dos acordos de sede. Estes costumam impor aos Estados cedentes obrigações pertinentes não apenas às prerrogativas (privilégios e imunidades) garantidas às organizações compactuantes, mas também àqueles representantes de outros Estados nas OIs (Rezek, 2002).

Digno de destaque é que as prerrogativas não são atributos inerentes às OIs, uma vez que dependem de que os tratados constitutivos e os acordos de sede expressamente definam e disciplinem os privilégios e as imunidades que terão determinada OI e seus funcionários no âmbito interno do Estado receptor.

Entre as prerrogativas comumente previstas nos acordos de sede estão: inviolabilidade dos prédios, dos terrenos e dos arquivos; imunidade de jurisdição e execução; liberdade para publicações; identificação de veículos com placas diferenciadas; criação de regime fiscal privativo (afastando os funcionários do pagamento de impostos do país-sede); estabelecimento de regime previdenciário próprio; extensão de imunidades e privilégios a familiares dos funcionários; estipulação de regime aduaneiro especial.

> **Preste atenção!**
> Os privilégios e as imunidades conferidos aos funcionários internacionais, embora assemelhados, não têm a mesma extensão daqueles assegurados aos agentes diplomáticos. Aos funcionários concede-se uma proteção funcional, ou seja, prerrogativas necessárias ao desempenho de suas funções, e não em proveito dos próprios indivíduos. Os benefícios diplomáticos, no entanto, aplicam-se a todas e quaisquer circunstâncias relacionadas aos agentes, inclusive as atinentes a sua vida privada.

A imunidade de jurisdição e de execução consiste, simplificadamente, na não oponibilidade da justiça de determinado Estado. Relacionada à OI, esta não poderia ser julgada e/ou executada pela justiça do Estado que abriga sua sede; não caberia a esta opor-lhe o direito de outrem, salvo no caso de renúncia expressa desse privilégio ou de haver previsão de quebra de imunidades.

Em oposição às imunidades está o princípio da não denegação da justiça ou da inafastabilidade de jurisdição, segundo o qual o órgão judiciário não pode deixar de apreciar questões que lhe sejam propostas, mesmo porque de nada adiantaria a existência de leis se estas pudessem ser desrespeitadas sem que nenhum órgão estivesse legitimado a exercer o controle de sua observância (Tavares, 2011).

Por afastarem a jurisdição do Estado-sede, as imunidades não violam o princípio da não denegação da justiça? Em resposta a esse questionamento, Leandro Moll (2010) defende que se deve averiguar se, no caso específico, a imunidade é essencial para resguardar o exercício das funções da OI. Nesse sentido, explica o autor que

> A Corte Europeia de Direitos Humanos teve a ocasião de decidir dois casos envolvendo alegada violação do Artigo 6º, § 1º da Convenção Europeia de Direitos Humanos por reconhecimento de imunidade de jurisdição a organização internacional por um Estado parte. Trata-se dos casos Waite e Kennedy e Beer e Regan, julgados em 18 de fevereiro de 1999, em que os requerentes arguiam a violação do princípio da não denegação de justiça (Artigo 6º, § 1º) pela República Federal da Alemanha, ao terem os tribunais desse país se recusado a exercer a jurisdição nacional em reclamação trabalhista contra a Agência Espacial Europeia (ESA) por reconhecer-lhe imunidade com base no Artigo XV, § 2º e no Anexo I da Convenção para o Estabelecimento de uma Agência Espacial Europeia, de 1975. No fundamento decisório, a Corte de Estrasburgo entendeu que a limitação imposta à jurisdição nacional pelo Estado requerido era legítima tendo em vista a necessidade de que o funcionamento adequado das organizações internacionais seja assegurado vis-à-vis eventuais interferências unilaterais de Governos isolados. (Moll, 2010, p. 149)

Moll (2010) acrescenta, também, que os Tribunais dos Estados têm variado bastante suas decisões, muitas vezes não reconhecendo as imunidades às OIs como forma de barrar a concessão desenfreada desses privilégios. Entretanto, continua o referido autor, o que se tem levado sempre em consideração é a existência ou não de mecanismos alternativos de resolução de conflitos, de modo que o titular do direito tenha uma jurisdição a seu dispor.

Nesse particular, podemos constatar a existência de tribunais administrativos aptos a pronunciar sentenças definitivas, sem recurso, no âmbito limitado de suas competências jurisdicionais, tais como o Tribunal Administrativo das Nações Unidas (Tanu) e o Tribunal Administrativo da Organização dos Estados Americanos (Taoea). Outro exemplo são os *ombudsman*[8] criados pelo Programa das Nações Unidas para o Desenvolvimento (Pnud), pelo Fundo de População das Nações Unidas (Unfpa), pela Unicef e pela OMS a fim de resolver litígios trabalhistas entre os funcionários e a administração superior de suas respectivas OIs.

Assim, mesmo havendo um conflito aparente com o direito positivo nacional (princípio da não abnegação da justiça), os privilégios e as imunidades conferidos às OIs não podem ser afastados. Afinal, essas prerrogativas provêm de tratados internacionais, os quais foram livremente negociados e aceitos pelos Estados nacionais.

Síntese

Neste capítulo, estudamos as competências, as estruturas e os recursos das OIs. Esses três elementos funcionam como meios e/ou instrumentos necessários para que as OIs possam realizar suas funções e buscar seus objetivos. Dependendo de suas funções específicas, elas devem ser dotadas das seguintes competências: normativa

---

8 Trata-se de um profissional que pode ser comparado a um ouvidor, ou seja, que recebe e processa críticas, sugestões e reclamações, atuando como mediador imparcial na busca de resolução de conflitos entre as partes envolvidas.

(expedição de atos normativos); operacional (atividades nos domínios administrativo, econômico, financeiro, social e/ou técnico); executiva (imposição de suas decisões externamente em face de outros atores); jurisdicional (solução de controvérsia e de conflitos internacionais); de controle (averiguação e comparação de resultados). Elas se estruturam, se corporificam, criam forma e ditam suas decisões por meio de seus órgãos, os quais são compostos por representantes dos Estados (normalmente agentes diplomáticos) e/ou por agentes internacionais.

Geralmente, a estrutura interna das OIs é composta de: uma assembleia (órgão deliberativo), um conselho (órgão consultivo) e um secretariado (órgão executivo). As OIs, às vezes, criam órgãos específicos independentes dotados de ampla competência jurisdicional. Por fim, discorremos sobre os recursos (financeiros e humanos) empregados para enfrentar as despesas (fixas e variáveis) decorrentes de estrutura, funções, objetivos e programas específicos das OIs. Percebemos que as OIs não têm autonomia financeira; em geral, dependem de contribuições de seus membros, os quais, invariavelmente, o fazem com atraso. Por sua vez, os chamados *agentes internacionais* são pessoas que desempenham as mais variadas funções administrativas, técnicas ou de representação, com vistas a manter as OIs em atividade e propensas a atingir seus objetivos.

Exercício resolvido

1. Os agentes internacionais são funcionários nomeados ou eleitos por um órgão de uma organização internacional intergovernamental, remunerados ou não, mas que estejam a serviço desse órgão, exercendo uma ou mais das funções da organização, respondendo, por consequência, às necessidades de seus membros. Sobre os agentes internacionais, é **incorreto** afirmar:

a. É considerado funcionário internacional detentor de privilégios diplomáticos aquele que, independentemente de sua nacionalidade, está a serviço da organização de maneira contínua, agindo em nome desta e submetido exclusivamente a suas normas.
b. O funcionário pleno tem laços exclusivos com a organização internacional (OI), não podendo, por consequência, submeter-se a outro Estado, devendo, ainda, exercer suas funções com independência, lealdade e imparcialidade.
c. Os funcionários internacionais beneficiam-se de privilégios e de imunidades iguais aos garantidos aos agentes diplomáticos.
d. Os privilégios e as imunidades dos agentes internacionais não são atributos inerentes às OIs, uma vez que dependem de que os tratados constitutivos e os acordos de sede destas expressamente assim os definam e os disciplinem.
e. Com a finalidade de resolver eventuais litígios trabalhistas que possam surgir entre os funcionários e a administração superior de suas respectivas OIs, foram criados tribunais administrativos aptos a pronunciar sentenças definitivas, tais como o Tribunal Administrativo das Nações Unidas.

Resposta: c.

Embora assemelhados, os privilégios e as imunidades de que se beneficiam os funcionários internacionais não têm a mesma extensão daqueles conferidos aos agentes diplomáticos. Os funcionários internacionais beneficiam-se da proteção funcional, ou seja, gozam das prerrogativas necessárias e restritas ao desempenho de suas funções. Os benefícios diplomáticos, ao contrário, aplicam-se a todas e quaisquer circunstâncias da vida particular do agente diplomático. Na Organização das Nações

Unidas (ONU), por exemplo, o secretário-geral pode suspender a imunidade de um funcionário, segundo seu próprio critério, desde que a imunidade impeça o curso da justiça, sem que estejam prejudicados os interesses das Nações Unidas.

Questões para revisão

1. Competências são poderes, atribuições ou capacidades conferidas, explícita ou implicitamente, às organizações para o desempenho de suas funções. Em relação às competências das organizações internacionais (OIs), assinale a alternativa **incorreta**:

   a. As competências essenciais ao exercício das funções e ao cumprimento dos objetivos das OIs são estabelecidas, mesmo que implicitamente, em seus respectivos tratados constitutivos.

   b. Para desencadearem efeitos externos em busca da cooperação dos Estados, as OIs utilizam-se de competências normativas internas, regulamentando seus órgãos, nomeando agentes e anunciando políticas regulatórias.

   c. Ao implementarem ações para manutenção da paz ou ao desenvolverem programas de ajuda humanitária, as OIs estão se valendo de suas competências operacionais.

   d. A competência executiva, em função da faculdade de impor suas decisões externamente, normalmente é exercida somente contra os países menos desenvolvidos.

   e. A competência de controle, a qual pode ser acionada por iniciativa de um Estado, de uma organização ou de pessoas interessadas, pode ser exercida nas dimensões política, técnica ou jurisdicional.

2. Avalie as proposições a seguir e marque (V) verdadeiras e (F) para as falsas:

( ) A estruturação, o funcionamento e a própria expressão de vontade das OIs ocorre por intermédio de seus órgãos.

( ) A Assembleia Geral, o Conselho Econômico e Social, o Banco Internacional para Reconstrução e Desenvolvimento (Bird) e o Fundo Monetário Internacional (FMI) são os principais órgãos da Organização das Nações Unidas (ONU).

( ) O secretariado, também chamado de *secretaria geral*, é um órgão administrativo composto essencialmente por agentes internacionais, entre eles o secretário-geral, seu funcionário mais graduado.

( ) No intuito de assegurar maior igualdade entre os Estados-membros participantes e os não participantes dos órgãos restritos, aumentam-se as competências desses órgãos e diminui-se o número de seus membros integrantes.

( ) A princípio, todos os Estados-membros com direito a voto estão representados na assembleia geral, órgão central e plenamente democrático presente na maioria das OIs.

Assinale a alternativa correta:
a. F, V, V, F, V.
b. V, F, V, F, V.
c. F, F, V, F, V.
d. V, V, V, F, V.
e. F, V, V, V, V.

3. Soberanos para decidir acerca dos meios a serem empregados para solucionar conflitos no âmbito interno, os Estados, no âmbito externo, usualmente recorrem a consultas diplomáticas,

a negociações políticas ou, ainda, a órgãos jurisdicionais internacionais. A respeito desses órgãos, é correto afirmar:

a. É comum os órgãos jurisdicionais contemplarem cláusulas de jurisdição obrigatória, ou seja, a obrigatoriedade da jurisdição para todos os Estados integrantes do sistema internacional.

b. A Corte Internacional de Justiça (CIJ) tem jurisdição reconhecida por todos os Estados que integram a ONU, podendo condenar seus cidadãos a penas proporcionais aos crimes comprovadamente por eles cometidos.

c. A Corte Permanente de Arbitragem (CPA), que não é uma corte ou um tribunal, mas uma organização internacional intergovernamental, oferece uma variedade de serviços de resolução de controvérsias aos atores internacionais, em especial a arbitragem, a conciliação e a mediação.

d. A Corte Penal Internacional, a Corte Interamericana dos Direitos do Homem e a Corte de Justiça da União Europeia são vinculadas à Organização dos Estados Americanos (OEA), à ONU e à União Europeia (UE), respectivamente.

e. Antes de levar suas disputas políticas à ONU, os Estados nacionais devem recorrer às organizações regionais especializadas, a exemplo da UE e da OEA. Quando ambas as partes provocam essas instâncias, elas se obrigam a acatar suas decisões, mesmo que isso lhes atinja a soberania.

4. Em relação aos recursos necessários para manter as OIs em atividade, marque a alternativa **incorreta**:

a. Em razão da crescente ocorrência de catástrofes e incidentes internacionais de grande proporção, as despesas variáveis representam atualmente a maior parte dos gastos das OIs.

b. Ao contrário dos Estados, as OIs, salvo raríssimas exceções, não produzem recursos próprios; dependem, portanto, das contribuições e das doações realizadas por seus membros ou mesmo por particulares.

c. A ausência de autonomia financeira por parte das OIs condiciona tanto a efetividade de suas funções quanto o exercício de suas competências aos meios que os Estados-membros colocam a sua disposição.

d. A contribuição de cada membro é calculada com base em critérios relacionados a sua capacidade de pagamento ou a sua hierarquização.

e. As contribuições realizadas pelos membros são facultativas, na medida em que raramente são cobradas e não redundam em qualquer sanção para o não pagador.

5. Competências são poderes/atribuições conferidos, explícita ou implicitamente, às organizações para o desempenho de suas funções. Disserte, sucintamente, a respeito das principais competências de uma OI: a competência normativa e a operacional.

6. A receita das OIs provém, fundamentalmente, das contribuições de seus membros, pois, salvo raras exceções, não produzem riqueza material. Cite outras duas fontes de receita, que não as contribuições dos membros, de que se beneficiam ou podem se beneficiar as OIs.

Questão para reflexão

1. Não se imagina, na atualidade, o estabelecimento de relações multilaterais que não envolvam um intrincado fluxo de bens, dinheiro, pessoas, informações e outros recursos tangíveis e intangíveis que transitam continuamente entre as fronteiras

que delimitam os Estados. Em sua opinião, a complexa malha de OIs tem atuado de maneira eficaz, possibilitando um fluxo relativamente ordeiro e continuamente crescente e integrado desses recursos?

capítulo quatro

Organizações internacionais: tomada de decisão, poderes e não acatamento das decisões

Conteúdos do capítulo:

- Interestatismo.
- Tomada de decisão.
- Poder das organizações internacionais.
- Sanções.
- *Soft law* e *hard law*.

Após o estudo deste capítulo, você será capaz de:

1. entender como e por quem são direcionadas e definidas as decisões tomadas pelas organizações internacionais;
2. descrever os sistemas de votação de que se valem as organizações para a tomada de decisão;
3. explicar por que algumas organizações internacionais conseguem exercer poder no sistema internacional e outras não;
4. apontar as possíveis consequências decorrentes do descumprimento das obrigações assumidas para com uma organização internacional ou resultantes do não acatamento das decisões desta;
5. discutir por que as normas e/ou decisões emanadas das organizações internacionais são frequentemente violadas por seus membros.

O poder das organizações internacionais (OIs) origina-se da delegação de competências por parte dos sujeitos que as detêm. Por isso, para compreendermos a origem desse poder, devemos identificar quem são esses sujeitos. Na qualidade de criadores, eles delineiam, condicionam e limitam o poder da OI a que estão dando origem, desde o momento de sua constituição.

As OIs, portanto, podem exercem poder. A quem isso pode interessar? Aos cidadãos? Aos Estados? À comunidade internacional? Certamente, todos se beneficiam dessa extensão de poder às OIs.

As decisões em si, bem como a forma como são tomadas pelas OIs, isto é, o sistema de tomada de decisões, revelam as convicções políticas e ideológicas que se pretende seguir, ou melhor, deixam transparecer as verdadeiras intenções dos membros das organizações.

Contudo, o desrespeito às decisões e às normas das OIs desencadeia consequências ao infrator, com vistas a trazê-lo para a legalidade. A ação de desrespeito tem lugar quando um membro viola suas obrigações, sendo essa falta sancionada ainda que não tenha havido intenção de se violar qualquer obrigação.

Nem sempre, porém, as OIs conseguem fazer suas normas e suas decisões serem cumpridas, mesmo tendo poder próprio. Por que isso acontece? Será que lhes falta interesse? A consolidação do poder das OIs está tão dificultada que alguns estudiosos pregam a existência de *soft law*.

Neste capítulo, trataremos da manifestação de poder nas OIs, iniciando pela tomada de decisão, passando pela manifestação de poder propriamente dita e finalizando com o não acatamento às normas ou às decisões.

4.1 Tomada de decisão

Atualmente, as OIs não escapam ao confronto de duas forças contraditórias: de um lado, a preservação do interestatismo[1], pretendido pelos Estados-membros que estão longe de renunciar à clássica concepção de soberania; de outro, a superação dessa interação exclusivista entre Estados, almejada por aqueles simpatizantes da supranacionalidade. As organizações, portanto, convivem com a tensão entre o conceito de soberania e a produção de decisões e de flexibilização desse mesmo conceito, pois isso pode acarretar uma interferência nos assuntos de política externa e doméstica dos Estados (Herz; Hoffmann, 2004).

Apesar de as OIs abrigarem a existência de órgãos confiados a agentes internacionais, os órgãos compostos por membros representantes dos Estados são, geralmente, em maior número e também, invariavelmente, detêm o comando decisório (concentração de poder) da organização. Assim, as decisões desses órgãos não devem interferir nos assuntos domésticos dos Estados. Mesmo que isso porventura ocorra, os Estados preservam a autoridade em última instância para decidir sobre a amplitude dessas intervenções domésticas. Afinal, a maior parte das decisões (quando externas) refere-se a meras recomendações, que somente serão acatadas se o Estado nacional assim quiser.

No entanto, nem todas as organizações concentram suas decisões em instâncias interestatais. Algumas incluem instâncias supranacionais, nas quais as decisões não são tomadas por representantes de Estados, podendo, até mesmo, interferir em assuntos domésticos. Nesse caso, também, as decisões são autoaplicáveis, independem da aprovação de vontade do Estado nacional. A União Europeia (UE),

---

1 No interestatismo – ou interestadualismo –, os Estados figuram como principais (para não dizer exclusivos) atores das relações internacionais. Nesse sistema, por meio do consentimento (explícito ou tácito) entre os Estados, criam-se normas internacionais. Os próprios Estados também fazem a interpretação dessas normas.

por exemplo, como vimos nos capítulos anteriores, mantém elementos supranacionais importantes em seu processo decisório, e a Agência Internacional de Energia Atômica (Aiea) contempla mecanismos de monitoramento que permitem acesso às instalações nucleares sem prévio aviso aos governos-alvos (desde que signatários de tratados de proteção nuclear com a Aiea).

Mas, afinal, por que os Estados e outros atores se unem e cooperam entre si por intermédio de uma OI? Com a crescente complexificação das relações internacionais, as formas de explicar essa realidade se diversificaram. Para os adeptos do realismo, o equilíbrio de poder se reproduz em uma OI. Já para o liberalismo, a racionalidade dos agentes em comunidade estimula a cooperação por receio à reação coletiva, bem como a interdependência entre eles. O construtivismo, por seu turno, busca redefinir as dinâmicas e a natureza das relações internacionais (contra o determinismo estrutural do realismo e do liberalismo). Seja como for, a crescente interdependência entre os atores internacionais, o equilíbrio de interesses destes e o aprendizado obtido ao longo do tempo nos processos relacionais ajudam a explicar a relevância adquirida pela cooperação global como ferramenta de relacionamento e de desenvolvimento multilaterais no ambiente internacional, justificando, por consequência, a existência e o funcionamento das OIs.

As decisões (internas ou externas) das organizações nascem da manifestação de vontade, externalizada por meio de seus órgãos e agentes, que decidem criar direitos e obrigações para si e para seus destinatários. Expressam, em linhas gerais, os rumos perseguidos pela entidade e, com isso, deixam transparecer as convicções políticas e ideológicas que pretendem seguir.

> **Pense a respeito**
>
> Não é difícil perceber que os Estados são diferentes em tecnologia, capital econômico, religião, cultura etc. Logo, presumivelmente, têm interesses diferentes, os quais são dinâmicos, alteram-se ao longo do tempo, seguindo as oscilações dos ambientes interno e externo em que estão inseridos. Marcel Aron, Raymond Merle e Hélio Jaguaribe (1983) atestam que os Estados só participam de experiências de integração ou aceitam orientações comuns quando julgam essas soluções mais vantajosas em comparação com o que seria a defesa isolada de seus interesses. Nesse sentido, exemplificam os referidos autores, os esforços de cooperação econômica geralmente servem mais para consolidar a situação dos Estados do que para preparar a ultrapassagem destes. Nesse contexto, a pergunta que se faz é a seguinte: uma decisão tem a mesma importância política para cada membro da OI ou pode haver uma ponderação diferenciada para cada um?

As OIs proferem os mais variados tipos de decisões, que podem ser financeiras, administrativas, orgânicas (criação ou supressão de um órgão), de procedimento (adoção de um regulamento) ou jurídicas (aplicação ou suspensão de um estatuto jurídico).

Quanto à natureza dos atos, as decisões das OIs podem ser de aprovação de um instrumento de autorização, de declaração, de recomendação, de injunção (quando emanam ordem, determinação, imposição) ou de expressão de opinião.

A forma como as decisões são tomadas pelas organizações, isto é, o sistema de tomada de decisões, revela, igualmente, as verdadeiras intenções de seus participantes.

Nesse sistema, a soberania dos Estados adapta-se tanto às regras da unanimidade quanto às da maioria para definir o resultado das votações. O voto por unanimidade, a votação majoritária (proporcional ou qualificada), as técnicas de consenso e a delegação do poder de veto a um grupo restrito de países são práticas amplamente disseminadas. Veremos adiante algumas delas.

As **regras da unanimidade**, em seu estado puro, tendem a democratizar a distribuição do poder, na medida em que propiciam a manifestação da vontade coletiva de todos os membros. Garantem, também, boas possibilidades de eficácia das decisões, pois, presumivelmente, não haverá oposição ou obstáculo à execução do que foi decidido unanimemente. Entretanto, não é fácil alcançar a unanimidade, ou seja, acomodar interesses, principalmente quando se constata uma completa oposição entre eles. Longas rodadas de negociações podem ser travadas, muitas vezes sem sucesso, resultando em lentidão na tomada de decisões ou até em sua completa paralisação.

O princípio da unanimidade plena pretende que todos os partícipes sejam igualmente representados em todos os órgãos, isto é, que existam somente órgãos plenos cujos membros desfrutem dos mesmos direitos em matéria de deliberação e voto. A adoção dessa solução, no entanto, só pode ser considerada em organizações menores, regionais, compostas por poucos membros e, ainda, tão somente para os principais órgãos. No Mercado Comum do Sul (Mercosul), por exemplo, a tomada de decisões dos três principais órgãos (Conselho Mercado Comum, Grupo Mercado Comum e Comissão de Comércio do Mercosul) deve se dar por consenso e com a presença de todos os membros.

Nas organizações universais, em que o número de membros ultrapassa a casa da centena, a aplicação sistemática do princípio igualitário soberano certamente prejudicaria a eficácia pretendida. Por isso, há a indicação de adoção a um único órgão, em princípio encarregado de dar as principais orientações aos programas de ação da organização e avaliar solenemente as iniciativas dos órgãos técnicos. É o que ocorre, por exemplo, na Organização do Tratado do Atlântico Norte (Otan), a qual possui um órgão, o Conselho do Atlântico Norte, que toma suas decisões por unanimidade, além de não fazer qualquer distinção entre seus membros, sejam eles originários, sejam aderentes.

Vale salientar que há uma estreita relação entre os objetivos perseguidos pelas OIs e a consequente adoção do modelo de tomada de decisão. Quanto mais a natureza da OI for marcada por questões políticas, estratégicas e diplomáticas, mais ela se afastará do voto universal (Trindade, 2009, p. 145). O modelo decisório pode mudar até mesmo em razão do assunto a ser enfrentado. Assim, por exemplo, ao contrário da Assembleia da Organização das Nações Unidas (ONU), seu Conselho de Segurança, que trata de questões relacionadas à paz, diferencia o peso do voto entre membros permanentes e temporários.

Para contornar os inconvenientes (lentidão ou paralisia da tomada de decisões) da unanimidade (pura ou plena), quatro critérios merecem atenção:

1. **Eximição do dissidente**: a conclusão de acordo parcial, vinculando apenas os membros acordantes, exime, por consequência, os dissidentes de qualquer efeito decorrente desse acordo.
2. **Direito de veto**: a ausência ou abstenção de um dos membros não impede a formação do resultado unânime, porém limita-o. No Conselho de Segurança das Nações Unidas (CSNU), por exemplo, apenas os cinco membros permanentes têm o direito de veto, meio pelo qual podem bloquear todas as decisões do Conselho. O veto, nessa situação, tem efeito negativo, impede a adoção da decisão; existe a resolução, mas ela não pode ser aplicada.
3. **Obtenção de consenso**: não há propriamente uma votação, mas o silêncio ou a inatividade de um membro representam a ausência de objeção e autorizam a adoção de um texto ou a expressão de uma vontade de concordância. As decisões obtidas por consenso têm exatamente a mesma eficácia daquelas votadas. A Conferência sobre Segurança e Cooperação da

Europa introduziu, desde 1992, duas curiosas modalidades de consenso: o consenso menos um (possibilita que um Estado não execute a decisão em seu território) e o consenso menos dois (desconsidera o voto de dois Estados, no caso de haver um posterior litígio entre eles, se ambos estiverem desconformes com a decisão tomada).

4. **Controle de presença**: refere-se à desnecessidade da presença de todos os membros para fins de deliberações e/ou votação. A necessidade de presença concede às partes, na prática, o direito de veto pela simples ausência, tal como ocorre na chamada "política da cadeira vazia"[2].

Os órgãos também podem decidir por **maioria quantitativa, qualitativa ou mista**. Na maioria quantitativa, como o próprio nome sugere, quóruns para votação são previamente estipulados: a maioria simples, a metade mais um dos votantes; a maioria absoluta, a metade mais um dos membros; a maioria qualificada, dois terços ou três quartos dos presentes votantes. Evidentemente, as OIs podem prever os mais variados quóruns, diferenciando-os conforme o tema a ser tratado.

A maioria qualitativa propicia às OIs distribuir a quantidade de votos a seus membros segundo critérios próprios, como o poderio bélico disponível, o volume populacional, o produto interno bruto, o interesse direto representado pela intensidade de investimento em determinados projetos (por exemplo, Organização Europeia para a Pesquisa Nuclear – Cern), a participação no orçamento e a quotização, isto é, o cálculo com base nas quotas-partes adquiridas (por exemplo, Fundo Monetário Internacional – FMI[3]). Trata-se do chamado *voto ponderado*.

---

[2] A França, às vésperas da adoção da maioria qualificada como votação do Conselho de Ministros da Comunidade Econômica Europeia (CEE), recusou-se a participar daquela instância. Ausentou-se de 30 de junho de 1965 até 30 de janeiro de 1966, quando retomou seu lugar no Conselho em troca da manutenção da votação por unanimidade sempre que estejam em causa interesses vitais. Esse episódio deu origem à expressão "política da cadeira vazia".

[3] A adesão dos Estados ao FMI é feita pela aquisição de cotas-partes, ou seja, pelo aporte financeiro que cada país oferece (com base em seu potencial econômico e financeiro) para a constituição do capital disponível.

O sistema misto, como presumivelmente podemos concluir, mescla elementos da maioria quantitativa com a qualitativa. Assim funciona o CSNU, que, para tomar uma decisão, necessita de nove dos 15 votos possíveis (quórum de dois terços), ou seja, quatro votos entre os membros temporários e, obrigatoriamente, os cinco votos dos membros permanentes ou a abstenção destes. O voto contrário de um membro permanente, independentemente da votação dos demais membros, vetará a tomada de uma decisão pelo Conselho.

Digno de nota, também, é o sistema tripartite da Organização Internacional do Trabalho (OIT). Cada Estado-membro tem direito a quatro votos: dois do governo e dois da iniciativa privada (um patronal e um dos trabalhadores).

Por fim, o processo moderno de tomada de decisões das OIs apresenta pelo menos três características marcantes: o parlamentarismo interno, o princípio de "um Estado, um voto" e o direcionamento pelo secretariado.

Em suas conferências internacionais e na estruturação deliberativa de seus órgãos, as OIs têm se utilizado de métodos e técnicas próprios do sistema parlamentar[4], o que se convencionou chamar de *parlamentarismo interno das OIs*. A liberdade reconhecida a cada órgão de estabelecer seu próprio regulamento, o afastamento do voto, cláusula ou reserva secretos, a publicidade dos debates e o ajustamento prévio de votos entre grupos convergentes (como é o caso do Grupo dos Sete) são heranças do sistema parlamentar que foram incorporadas às OIs com sucesso.

O princípio de "um Estado, um voto" expressa o respeito à igualdade entre os Estados e, em particular, o respeito à soberania dos países-membros ditos mais fracos, menos poderosos ou mais pobres. Nesse caso, as decisões deveriam ser baseadas no consenso, ou seja, todos os países teriam poder de veto e expressariam o respeito pelo

---

4 No sistema parlamentar, as preferências do eleitor concentram-se em um número limitado de agremiações. Os partidos são de ideias, e não de pessoas. Já no presidencialismo, os partidos são de pessoas, multiplicando-se em um sem número de agremiações.

princípio da soberania. Contudo, esse formato, como vimos, não caracteriza grande parte dos processos decisórios nas OIs.

O secretariado, apesar de ser um órgão administrativo, a depender do perfil da organização, pode, na pessoa de seu secretário-geral, exercer significativa influência de modo a direcionar a tomada de decisões e ainda controlar a aplicação dela. Suas iniciativas, seu posicionamento e suas declarações podem determinar o destino da organização. Referindo-se ao secretário-geral da ONU, Ricardo Seitenfus (2012, p. 157) arremata:

> Pode-se concordar com a máxima segundo a qual, mesmo sendo um "general sem tropa ou um papa sem igreja" o Secretário-Geral da ONU pode desempenhar um papel primordial. Basta que ele identifique com exatidão a política dos membros permanentes do Conselho e busque, através do diálogo, da persuasão e, quando necessário, da iniciativa própria, os interesses da comunidade internacional. A história de sucesso ou de fracasso dos Secretários está estreitamente vinculada a esta compreensão.

Seja qual for o sistema de tomada de decisão, a organização sempre terá a possibilidade de adotar espontaneamente (sem a conclusão de um tratado internacional) um texto ou uma moção sobre um assunto específico, como sucede quando condena um atentado terrorista ou recomenda uma atitude a seus membros.

4.2 *Poderes*

As OIs, como já enfatizamos no Capítulo 1, apesar de terem personalidade jurídica própria e produzirem atos que não se confundem com os de seus membros, são fortemente influenciadas por eles, representando, em alguns casos, uma simples extensão destes. Seitenfus (2012, p. 53) chega a afirmar que,

Se para os países débeis, as organizações internacionais tendem a representar uma garantia de independência política e uma forma de buscar o desenvolvimento econômico, para os países poderosos elas significam, na maioria das vezes, tão somente um terreno suplementar – o da diplomacia parlamentar – onde atuará o seu poder nacional; as organizações internacionais são para estes simples apêndices de sua política externa.

Dessa forma, tanto o processo de tomada de decisões quanto o direcionamento ideológico nas OIs desenrolam-se interligados, com maior ou menor intensidade, ao próprio movimento de poder[5] dos Estados.

Isso não significa que as OIs não tenham poder. Pelo contrário, elas podem adquirir autoridade ao produzir bens públicos e, assim, exercer poder no sistema internacional. Isso é possível, obviamente, apenas quando têm sua legitimidade reconhecida perante a comunidade internacional. As OIs, portanto, dependem, essencialmente, dos Estados, pois, se estes não aderem a sua existência, elas não são tidas como atores, tampouco tomam forma de fóruns legítimos. Para ressaltarem essa dependência das OIs, Mônica Herz e Andrea Hoffmann (2004, p. 14-15) explicam que

> O exemplo mais claro é o impulso dado pelo governo norte-americano para a criação de uma série de OIGs[6] no pós-Segunda Guerra. A criação da ONU e de uma rede de agências especializadas nos anos 40, em particular as instituições de Bretton Woods (Bird, Banco Mundial e FMI, Fundo Monetário Internacional), refletia o interesse norte-americano em promover o comércio global, estabelecendo uma ordem internacional em que a democracia e o capitalismo pudessem florescer. Todavia, outros países, particularmente potências médias como Canadá, Austrália, Noruega, Suécia,

---

5 Capacidade de fazer, mandar e exercer a autoridade, a vontade sobre os demais. No que se refere aos Estados, o poder está diretamente ligado à soberania, à imperatividade de seus atos.

6 No texto original, *OIGs* significa "organizações intergovernamentais internacionais".

Brasil, Índia e Nigéria, podem adquirir influência significativa no delineamento do papel e do funcionamento das OIGs, caso seja feita a opção de um investimento importante nesse campo ou seja formada uma coalizão.

Seja como for, as OIs precisam ser investidas de determinados poderes para que possam desempenhar suas competências e, consequentemente, realizar seus fins. Para Celso Mello (2002, p. 589),

> As organizações internacionais têm poderes similares aos do Estado. É claro que esta concepção diminui a soberania dos Estados. Os autores têm apresentado a seguinte listagem de poderes inerentes: a) concluir tratados; b) enviar e receber representantes diplomáticos; c) organizar o seu funcionamento interno; d) ter privilégios e imunidades; e) promover conferências internacionais; f) apresentar reclamações internacionais; h) ser depositário de tratados; i) participar de arbitragem internacional; j) operar navios e aeronaves com sua bandeira e registrados nela. Os poderes inerentes são aqueles que as organizações necessitam de fato para realizar seus fins.

A manifestação de poder por parte das OIs interessa a todos: aos Estados desenvolvidos, para que reine a ordem pacífica e estável, pois assim se evitam turbulências capazes de modificar sua posição atual; aos Estados menos desenvolvidos, que não dispõem de poder suficiente para, por seus próprios meios, defender suas posições; à comunidade internacional como um todo, que se beneficia com os efeitos que a segurança jurídica alcançada por meio da negociação multilateral proporciona ou pode proporcionar: paz mundial, respeito entre os povos, proteção ao meio ambiente, expansão dos negócios, compartilhamento do conhecimento etc.

> **Preste atenção!**
> A negociação multilateral envolve o ajuste de interesses de todos os membros da organização com a convergência para uma decisão comum. É mais complexa que a negociação bilateral, pois diversos interesses haverão de ser acomodados; busca-se o consenso coletivo e obedece-se a certos procedimentos previstos nos tratados constitutivos. Seitenfus (2012) identifica cinco etapas percorridas por uma decisão no âmbito das OIs:
> 1. a discussão de um tema e a tentativa de se encontrar uma solução coletiva;
> 2. o surgimento do consenso;
> 3. a redação de um texto formal;
> 4. a aplicação da decisão;
> 5. a eficácia dessa decisão.

Por sua vez, as OIs podem até se tornar centros autônomos de poder, independentes dos Estados que as instituíram. Segundo Michael Barnett e Martha Finnemore (1999, p. 707),

> As OI podem se tornar centros autônomos de autoridade, independente dos Estados "diretores" que as criaram, por causa do poder que flui de pelo menos duas fontes: (1) da legitimidade da autoridade racional-legal que elas encarnam, e (2) do controle sobre conhecimentos técnicos e informações. A primeira delas é quase totalmente negligenciada pela literatura da ciência política, e a segunda, argumentamos, foi concebida de maneira muito restritiva, levando os estudiosos a ignorarem algumas das mais básicas e consequentes formas de influência das OI. Em conjunto, estas duas fontes fornecem uma base teórica para o tratamento das OI como atores autônomos na política do mundo contemporâneo, identificando, independentemente dos Estados, outros mecanismos de apoio no ambiente social

mais amplo. Como a autoridade racional-legal e o controle sobre conhecimentos fazem parte da definição e constituição de qualquer burocracia (uma burocracia não seria uma burocracia sem eles) a autonomia que flui a partir deles é melhor compreendida como um efeito constitutivo, um efeito de como a burocracia é constituída, que, por sua vez, torna possível (e dessa forma desencadeia) outros processos e efeitos na política global.

Assim, em linhas gerais, podemos afirmar que o poder autônomo das OIs transparece à medida que suas decisões são acatadas e/ou em virtude do domínio tecnológico que possuem. O suporte de um Estado superpoderoso, o prestígio sustentado perante a comunidade internacional ou o fato de representarem um fórum decisivo para interesses estratégicos de seus membros são exemplos de fatores que favorecem a cristalização e mesmo a extensão do poder das OIs.

O poder de uma OI pode ser favorecido, ainda, por uma atuação conjunta com outra organização, como faz a ONU em operações com organizações regionais, como as sanções econômicas aplicadas ao Haiti, primeiro pela Organização dos Estados Americanos (OEA) e apenas depois pelo CSNU, e o suporte militar da Otan e diplomático das Comunidades Europeias no caso da Bósnia (Merrills, 1998).

É possível, também, que uma OI passe a representar um canal vital de ligação entre o Estado e a comunidade internacional, de modo que lhe seja impositivo, até mesmo visando a seu equilíbrio interno, continuar a fazer parte da organização e, de preferência, gozando de uma boa imagem perante os demais membros. Nesse caso, haverá margem até mesmo para que a OI possa aumentar seu poder, especialmente se houver consenso entre os membros, aprovando a submissão a esse poder. Isso porque, havendo uma base de consentimento e adesão do grupo, as decisões não serão contestadas; consequentemente, maior será a autoridade da organização e, com efeito, seu poder.

A maior parte das OIs, contudo, não chega, normalmente, a se constituir como um efetivo centro de poder. E por que isso acontece? Há várias possíveis razões. Uma delas, a mais óbvia, é que simplesmente algumas organizações não são concebidas para serem dotadas de poder em suas áreas de atuação. Na verdade, um Estado não tem interesse em criar uma entidade mais poderosa do que ele em áreas de atuação em que já detém, individualmente, a hegemonia. Afinal, em qualquer modalidade de força (exclusivamente material, moral e religiosa, intelectual ou econômica), em todos os países e em todos os tempos, os mais fortes sempre querem, podem e conseguem impor sua vontade aos restantes (Duguit, 1996).

Outra possível razão do achatamento ou mesmo da inexistência de poder das OIs é a não atribuição de competências e/ou a não constituição de mecanismos necessários para o fiel e efetivo desempenho de suas funções. De nada adianta idealizar OIs disciplinadoras de tarefas típicas dos Estados se não lhes forem dados instrumentos apropriados para o cumprimento de tal mister. Assim, por exemplo, uma organização criada para regular as relações comerciais entre dois ou mais países, mas que não tenha competência executiva, tampouco mecanismos regulatórios para impor, direta ou indiretamente, aos Estados-membros o cumprimento obrigatório de suas decisões, dificilmente conseguirá desempenhar um papel decisivo na busca de sucesso para o processo de cooperação ou de integração econômica do grupo de Estados participantes.

Vamos ressaltar, reiteradamente, que não basta atribuir competências às OIs; é necessário dotá-las de certos mecanismos que possibilitem o efetivo exercício de poder. Há, portanto, instrumentos que, se previstos (explícita ou mesmo implicitamente) no tratado firmado entre as partes, favorecem o desenvolvimento de poder próprio das OIs. Por consequência, quanto melhores e mais adequados forem esses dispositivos, maior autonomia terão as organizações.

São dois os tipos de mecanismos normalmente utilizados para efetivação de poder das OIs: os destinados à produção de normas (como as normas são criadas, modificadas, extintas e impostas) e os relativos à solução de controvérsias (procedimentos, órgãos, técnicas e métodos para solucionar eventual disputa, divergência ou conflito que envolva os membros da organização).

Normas dotadas de força obrigatória e impositiva tendem a favorecer a formação e o exercício do poder das OIs. Por outro lado, normas facultativas, como as recomendações, embora tenham seu valor, não são as mais adequadas para firmar a autoridade de uma organização, uma vez que o Estado, ou outro membro, poderá ou não acatá-la.

Quanto à solução de controvérsias, a fixação de jurisdição própria obrigatória e exclusiva representa, na maioria das vezes, a melhor opção para o fortalecimento do poder das OIs. Isso porque, ao trazer as controvérsias para apreciação e julgamento por órgãos institucionais próprios, preservam-se os interesses (normas próprias) e a autoridade da organização, afastando-se, por consequência, a prevalência dos interesses circunstanciais e egoísticos de certos Estados-membros. Mas é claro que de nada adianta os órgãos jurisdicionais das OIs proferirem decisões que não tenham força executiva.

Devemos observar que a solução de controvérsias vai além das questões jurisdicionais e jurídicas, alcançando as questões políticas, como costuma ocorrer nos casos de pacificação que visam à manutenção da paz internacional e da segurança coletiva. Nesse caso, mecanismos políticos conciliatórios ou decisórios são empregados e se mostram mais adequados para a imposição do poder das OIs.

> **Preste atenção!**
>
> A extensão do poder das OIs está associada à forma como disciplinam sua atividade normativa e também como resolvem as controvérsias que surgem relacionadas com sua área de atuação. Normas impositivas e autoaplicáveis, bem como a existência de mecanismos políticos de conciliação e de decisão, contribuem, decisivamente, para o fortalecimento do poder das OIs.

Entretanto, certas organizações, mesmo contando com mecanismos favorecedores, não conseguem, na prática, fazer valer sua autoridade, tal qual ocorreu com a Liga das Nações e com o Pacto Andino, posteriormente substituídos pela ONU e pela Comunidade Andina de Nações[7], respectivamente.

Às vezes, até mesmo uma dificuldade financeira pode inibir a efetividade de atuação de uma OI e, por consequência, restringir seu poder, como salienta Boutros Boutros-Ghali (1994, p. 168-169):

> À medida que as operações tornaram-se mais complexas, perigosas e custosas, tem se produzido certas consequências previsíveis. Em primeiro lugar, é cada vez mais difícil encontrar tropas e pessoal suficientes para as operações mais árduas. Essa situação é agravada pelo fato de que a Organização passa por uma grave crise financeira. Quando os Membros não pagam suas quotas na íntegra e em tempo, atrasa-se o reembolso aos países que contribuem com tropas, de modo que, para alguns países, torna-se muito dispendioso participar das operações. A experiência recente demonstrou que o fato do Conselho de Segurança aprovar uma resolução que determine uma operação não faz, automaticamente, com que esta

---

[7] Trata-se de um bloco econômico sul-americano formado atualmente por Bolívia, Peru, Colômbia e Equador. Em Lima, capital do Peru, situa-se sua sede. Surgiu em 1969 com o Acordo de Cartagena, sob a denominação de *Pacto Andino*. Em 1996, passou a se chamar *Comunidade Andina de Nações*. Brasil, Argentina, Paraguai, Uruguai e Chile são membros associados.

seja realizada da forma como foi autorizada; a disponibilidade de tropas tem sido um sério problema.

Além disso, o elevado poder de um Estado pode ofuscar o poder da OI da qual participa, seja quando aquele não acata as decisões desta, seja quando esta não consegue constranger aquele a respeitar sua autoridade. Nessas hipóteses, em verdade, a OI acaba não conseguindo trazer o Estado para a legalidade, independentemente da imposição de sanções críticas, portanto, da situação da organização.

4.3 *Não acatamento das decisões*

O descumprimento das obrigações assumidas para com a OI ou o não acatamento das decisões desta podem trazer ao membro diversas sanções, a depender do que dispõe o respectivo tratado constitutivo.

Apesar de a simples aplicação de sanções não bastar para dar estabilidade a um sistema (Franck, 1995), é certo que, quanto maior for a capacidade da OI de impor e sustentar sanções a seus membros, maior será a chance de consolidar seu poder.

Assim, como exercício de autoridade, a aplicação de sanções requer o uso de alguma forma de força (moral, econômica ou armada) por parte das OIs, o que, muitas vezes, falta a estas.

As sanções visam trazer o infrator à legalidade e podem variar desde a mais branda (sanções morais) às mais severas (emprego da força armada). As principais sanções de que se valem as OIs são as seguintes:

1. **Reprovação**: trata-se de uma sanção moral reprovatória em que há uma ampla divulgação à comunidade internacional de um comportamento irregular por um membro infrator. O constrangimento perante a opinião pública é a maior força

de pressão que pode resultar desse tipo de sanção, especialmente quando o infrator for um Estado que preze por sua reputação na OI da qual participa.

2. **Medidas compensatórias**: constatada a existência da falta, a OI determina a retificação do ato, além da reparação do dano (se for o caso). Não havendo atendimento às determinações da organização, esta autoriza o Estado interessado, autor da reclamação, a aplicar medidas compensatórias que nada mais são do que retaliações em relação à parte infratora. É fácil perceber que a efetividade desse tipo de sanção, em última instância, dependerá da força individual do Estado lesado – e não da organização – de impor as represálias e, com isso, obter o resultado pretendido (retorno à legalidade).

3. **Medidas coercitivas**: são sanções impostas forçosamente pela própria OI. Objetivam reprimir o desrespeito às normas coletivas comuns e/ou corrigir algum comportamento faltoso. As principais medidas coercitivas utilizadas pelas OIs são retorsão (aplicação ao ofensor das mesmas medidas e ações empregadas contra o ofendido); represálias (medidas retaliativas em relação ao membro violador dos direitos de outro membro); embargo (sequestro de navios comerciais e de cargas de um Estado infrator); boicotagem (proibição de mantença de relações comerciais, econômicas ou financeiras com o Estado violador); bloqueio (interrupção e impedimento das comunicações do membro infrator com os demais membros da organização); rompimento das relações diplomáticas (retirada da missão diplomática e dos representantes de um Estado violador).

> **Para saber mais**
>
> Sobre as diferentes formas de intervenção coercitiva, indicamos a seguinte leitura:
>
> SEITENFUS, R. Ingerência ou solidariedade? Dilemas da ordem internacional contemporânea. **São Paulo em Perspectiva**, São Paulo, v. 16, n. 2, p. 12-26, abr./jun. 2002. Disponível em: <http://www.scielo.br/pdf/spp/v16n2/12107.pdf>. Acesso em: 24 ago. 2015.

4. **Penas pecuniárias**: são a imposição de multa (em dinheiro) pelo não cumprimento das normas.
5. **Suspensão**: refere-se à retirada temporária de direitos e/ou privilégios de um membro. Na ONU, por exemplo, o membro em atraso no pagamento de sua contribuição financeira não terá voto na Assembleia Geral se o total de suas contribuições atrasadas igualar ou exceder a soma das contribuições correspondentes aos dois anos anteriores completos. No entanto, a Assembleia Geral, nos termos do art. 19 da Carta das Nações Unidas (CSNU, 1945), poderá autorizar que o referido membro vote, se ficar provado que a falta de pagamento é devida a circunstâncias alheias a sua vontade.
6. **Exclusão**: diz respeito à expulsão dos quadros da OI. O membro, por exemplo, que tiver violado persistentemente os princípios contidos no ato constitutivo da ONU poderá ser expulso da organização pela Assembleia Geral mediante recomendação do Conselho de Segurança – art. 6º da Carta das Nações Unidas (CSNU, 1945).
7. **Intervenção armada**: trata-se da utilização da força bruta para fazer cessar uma agressão ilegítima. É conferido ao Conselho de Segurança, por exemplo, o poder de levar a efeito, por meio da força, a ação que julgar necessária

para manter ou restabelecer a paz e a segurança internacionais – conforme o art. 42 da Carta das Nações Unidas (CSNU, 1945).

Ainda que não restem dúvidas das consequências (aplicação de sanções) decorrentes de um comportamento faltoso ou do não cumprimento das obrigações como membro, as normas criadas pelas OIs são frequentemente violadas, quando não autointerpretadas de maneira mais favorável a um ou a outro participante. Mas por que isso ocorre?

Ainda que os Estados transfiram a uma OI certas competências, eles sempre retêm para si um poder maior (Rosenstiel, 1967) que lhes possibilita revogar essa transferência, ou seja, a atribuição de competência não é definitiva. Dessa forma, não é difícil inferir que o Estado aceitará apenas o que entender como vantajoso para si, descumprindo o que não corresponder a seus interesses. Além do mais, a regra é que a soberania de um Estado não pode ser abalada pela soberania de outro; eis que dois entes soberanos são, juridicamente, iguais, não podendo haver submissão de um em relação ao outro. Com isso, entre iguais, livres para agir de acordo com seus interesses próprios, a dificuldade para aplicar normas é muito maior, até porque, em tese, não haveria que se falar em erro, excesso ou extrapolação, mas em simples imposição de vontade própria. O caminho para o descumprimento, portanto, sempre será uma opção a considerar, mas que pode ser contornada pela cooperação, até porque os Estados são muito mais induzidos do que coagidos a cooperar (Henkin, 1995).

Para Mello (1996, p. 100-101), "As organizações internacionais não dispõem de um poder efetivo, à semelhança de que têm os Estados para incorporar as suas decisões. Os Estados ainda possuem uma grande esfera de liberdade para cumprir ou não as decisões de acordo com as suas conveniências políticas".

> **Preste atenção!**
> As competências são delegadas às OIs; logo, podem ser revogadas. A maior ou menor dificuldade para que essa revogação ocorra corresponderá à extensão de poder da organização. Isso será determinado, entre outros fatores, pela parcela de competência delegada, pela forma como essa competência será exercida, pela adequação e efetividade dos mecanismos colocados à disposição da organização e pelo momento histórico ou contexto em que a organização está inserida.

Robert Cox e Harold Jacobson (1973) identificaram como se conquista e se exerce influência nas OIs de cooperação técnica. Para tanto, analisaram, no período de 1945 a 1970, os processos decisórios de oito OIs: União Internacional de Telecomunicações (UIT); Organização Internacional do Trabalho (OIT); Organização das Nações Unidas para a Educação, a Ciência e a Cultura (Unesco); Organização Mundial da Saúde (OMS); Agência Internacional de Energia Atômica (Aiea); Fundo Monetário Internacional (FMI); Acordo Geral de Tarifas e Comércio (Gatt); Conferência das Nações Unidas sobre Comércio e Desenvolvimento (Unctad). Tipificaram as decisões tomadas nessas organizações, segundo seu conteúdo, em sete grupos de questões: de representação; simbólicas; de limites; de programas; normativas; referentes ao respeito das regras; relativas a questões operacionais. Os participantes nos processos decisórios foram igualmente identificados em sete grupos: representantes dos governos; representantes das associações privadas nacionais e internacionais; chefes do secretariado das organizações; altos funcionários e outros componentes da burocracia de cada organização; indivíduos que desempenharam um papel, oficial ou oficioso, de conselheiros; representantes de outras OIs; e meios de comunicação.

Assim, Cox e Jacobson (1973) constataram que o nível de influência dos participantes diferenciava-se segundo a organização e o tema a ser tratado. Entretanto, o grupo dos quatro primeiros mostrou-se constantemente ativo, ao passo que os três últimos apresentaram um nível de influência parcial e pontual. Os meios de comunicação, por sua vez, apresentaram escassos interesses e não exerceram praticamente nenhuma influência.

Os Estados-membros mais poderosos demonstraram grande interesse no Gatt e no FMI, bem como na UIT e na Aiea. Eis que as atividades e as decisões desses entes diziam respeito a assuntos fundamentais de suas relações exteriores (comércio, investimento, comunicações e pesquisa nuclear); logo, dominavam e monopolizavam completamente as políticas e os processos decisórios dessas organizações. Nas demais organizações (OIT, Unesco, OMS e Unctad), os Estados mais poderosos também influíam, mas permitiam que os Estados menos poderosos desfrutassem de uma relativa autonomia (Cox; Jacobson, 1973).

Do que podemos percerber, há sérios indícios de que a influência dos países poderosos, apesar de os menos poderosos serem em maior número e apresentarem uma vastidão de interesses desenvolvimentistas, está sempre presente nas OIs, variando, em maior ou menor grau, em função do interesse que a organização represente para a potência estatal. Na mesma linha de raciocínio, Seitenfus (2012, p. 59) conclui:

> Tanto o surgimento da organização internacional quanto a sua evolução, representam o resultado de um processo de relações de forças. A presença da organização internacional somente conduz aquelas relações ao âmbito institucional. Contudo, este não coloca em risco as relações de forças e o poder exercidos pelos Estados mais fortes. Neste sentido, as organizações internacionais formalizam e institucionalizam uma espécie de hegemonia consensual.

As aspirações e a própria imposição de poder das OIs estão tão dificultadas que alguns estudiosos convencionaram a existência, em que pese a impropriedade, de *soft law*, ou seja, de um **direito não**

estritamente obrigatório, ou flexível, de linguagem vaga e aberta, de valor normativo limitado, com normas relativizadas, por vezes simplesmente recomendatório.

É pertinente frisar que o *soft law* não se constitui propriamente em um tratado internacional, conforme previsto na Convenção de Viena sobre o Direito dos Tratados, tampouco se encaixa no conceito de costume. São normas e declarações exaradas pelas OIs e resultantes de suas atuações no ambiente internacional. São exemplos de *soft law* apontados pela doutrina: a Declaração Universal dos Direitos do Homem (aprovada pela Assembleia Geral da ONU em 1948); as declarações de intenções firmadas pelos Estados (como a Agenda 21); as declarações de políticas (por exemplo, a Declaração de Estocolmo e a Declaração do Rio); as convenções mundiais (sobre a Mudança Climática e sobre a Diversidade Biológica, por exemplo); as normas da Organização da Aviação Civil Internacional (Icao); os padrões internacionais divulgados pela Organização Internacional para Padronização (ISO), pelo Comitê de Normas Internacionais de Contabilidade (Iasc) e pela UTI; os regulamentos sanitários da OMS.

Como bem leciona Juste Ruiz (1999, p. 47) a respeito do surgimento do *soft law*,

> numerosas razões sociológicas, políticas e jurídicas explicam seu surgimento, consolidação e desenvolvimento crescente; a saber, o impacto dos métodos normativos empregados pelos organismos internacionais, as divergências de interesses entre países desenvolvidos e países em desenvolvimento (o que leva ambos a refutar regras muito rigorosas ou rígidas) e a incessante e rápida evolução da situação impulsionada pelo constante desenvolvimento da ciência e da tecnologia (que aconselha a adoção de normas flexíveis, suscetíveis de acomodar-se às mudanças na medida em que vão se produzindo).

Tanto o *soft law* quanto o direito em sua acepção usual (*hard law* em oposição a *soft law*) estão permeados por vantagens e desvantagens. O *hard law* vincula as partes, estabelecendo direitos e responsabilidades, além de impor sanções àquele que os descumpre, garantindo maior segurança jurídica. Já o *soft law* oferece regras menos obrigatórias ou mais flexíveis, não vinculantes, não punitivas, dinâmicas (adaptáveis às vicissitudes e mutabilidades do ambiente internacional), de caráter informal (desprovidas de solenidades e formalismos) e um processo de negociação menos burocrático e mais ágil. Devemos observar, no entanto, que, apesar da visível distinção entre uma espécie de norma e outra (*soft* e *hard*), elas são, na maioria das vezes, mais complementares do que concorrentes (Bailliet, 2012).

Síntese

Vimos, neste capítulo, que as decisões das OIs, externalizadas por meio de seus órgãos e agentes, gravitam entre dois extremos: o interestatismo e a supranacionalidade. Constatamos que o sistema de tomada de decisões (votação) de que se valem as OIs acomoda tanto regras da unanimidade quanto da maioria, utilizando-se de práticas do voto por unanimidade, da votação majoritária, de técnicas de consenso e da delegação do poder de veto. Verificamos que, apesar de as regras da unanimidade traduzirem maior democratização e eficácia das decisões, quanto mais a natureza da OI for marcada por questões políticas, estratégicas e diplomáticas, mais ela se afastará do voto universal. De toda sorte, destacamos três características marcantes referentes ao processo moderno de tomada de decisões das OIs: a adoção de mecanismos e técnicas típicos do sistema parlamentar (parlamentarismo interno); a igualdade entre os Estados representada pelo princípio de "um Estado, um voto"; e a gerência da organização por um órgão administrativo, o secretariado.

Na sequência, explicamos por que e como algumas OIs conseguem exercer poder (autônomo ou derivado) no sistema internacional, apesar de estas dependerem, essencialmente, dos Estados. Afinal, essa manifestação de poder por parte das OIs interessa a todos: aos Estados desenvolvidos, para a manutenção da ordem e do controle, aos menos desenvolvidos, que não conseguem defender suas posições, e à comunidade internacional, para que haja um equilíbrio global. Ressaltamos, no entanto, que a maior parte das OIs não se constitui como um efetivo centro de poder, principalmente porque aos Estados não interessa duelar com outra modalidade de força mais poderosa do que a sua. Além disso, nem sempre as OIs são dotadas de competências, mecanismos e/ou recursos necessários para o fiel e efetivo desempenho de suas funções.

Examinamos, ainda, as possíveis e mais frequentes sanções em razão do descumprimento de obrigações e/ou do não acatamento das decisões de uma organização: reprovação, medidas compensatórias, medidas coercitivas, penas pecuniárias, suspensão, exclusão e intervenção armada. Por fim, discutimos como as OIs são influenciadas por seus participantes e por que suas decisões e suas normas são frequentemente violadas, inclusive pelos Estados. Aliás, ante a dificuldade de imposição de poder por parte das OIs, frisamos que alguns estudiosos afirmam existir o que se convencionou chamar de *soft law*, um direito informal, flexível, relativizado ou não estritamente obrigatório, por vezes simplesmente recomendatório, mas que tem sido acatado (ainda que não em sua totalidade) pela maioria dos atores internacionais, como é o caso da Declaração Universal dos Direitos do Homem.

Exercício resolvido

1. As decisões (internas ou externas) de uma organização internacional governamental, bem como o sistema de que ela se vale para tomá-las, revelam as convicções políticas e ideológicas que se pretende seguir, isto é, deixam transparecer as verdadeiras intenções dos membros dessa organização. Sobre essas decisões, é **incorreto** afirmar:

    a. Considerando-se os Estados soberanos, em geral as decisões das organizações internacionais (OIs) não têm caráter obrigatório, apesar de gerarem efeitos de natureza política, uma vez que o destinatário do ato poderá sofrer pressões de outros integrantes.

    b. As OIs podem exarar resoluções obrigatórias, cujo cumprimento não poderá ser questionado pelo destinatário da decisão, ainda que seja membro da organização, já que às organizações são atribuídas as competências necessárias para o desempenho de suas funções e o atingimento de seus objetivos.

    c. Se conflitantes os interesses de uma organização e de um ou mais de seus Estados-membros, os Estados contrariados podem boicotar a decisão dessa organização, conduta levada a efeito, principalmente, quando não há mecanismos capazes de lhes impor uma sanção.

    d. A divergência de interesses entre os Estados e a constante dificuldade para a imposição das decisões das organizações são algumas das razões que justificam o surgimento do que se convencionou chamar de *soft law*.

    e. Os países poderosos podem exercer significativa influência nas decisões das OIs, utilizando estas até mesmo para desenvolver uma espécie de hegemonia consensual.

Resposta: b.

O cumprimento de uma resolução emanada de uma organização sempre poderá ser questionado pelo destinatário da decisão, pois, ainda que os Estados transfiram a essa organização certas competências, podem revogar essa transferência, ou seja, a atribuição de competência não é definitiva. Assim, via de regra, os Estados sempre poderão questionar decisões contrárias a seus interesses, até porque a regra é que a soberania de um Estado não deve ser abalada pela soberania de outro ou por atos que lhe sejam contrários.

Questões para revisão

1. Em relação à tomada de decisão das organizações internacionais intergovernamentais, assinale a alternativa **falsa**:
   a. As decisões das organizações são externalizadas por meio da manifestação de vontade de seus órgãos e de seus agentes.
   b. O comando decisório central emana, em geral, dos órgãos compostos majoritariamente por agentes representantes dos Estados.
   c. A maior parte das decisões externas é meramente recomendatória, e elas são acatadas mediante o crivo dos Estados a que se dirigem.
   d. Segundo o princípio da unanimidade plena, todos os membros desfrutam dos mesmos direitos em matéria de deliberação e voto, devendo ser igualmente representados nos órgãos administrativos e executivos, que são os principais órgãos das organizações.
   e. Para contornar os inconvenientes da votação por unanimidade, evitando-se, por exemplo, que uma decisão não

seja tomada, as organizações costumam utilizar decisões obtidas por consenso.

2. Avalie as proposições a seguir e marque (V) paras as verdadeiras e (F) para as falsas:

( ) O direito de veto pela simples ausência ou não de participação em uma instância deliberativa de uma organização internacional (OI) corresponde à "política da cadeira vazia".

( ) A maioria das OIs adota o princípio de "um Estado, um voto", facultando a todos os Estados-membros, indistintamente, o poder de veto.

( ) Apesar de as OIs adquirirem autoridade ao produzirem bens públicos e, por consequência, exercerem poder, não o fazem com autonomia, pois dependem sempre dos Estados que as instituíram.

( ) O poder das OIs pode ser favorecido pelo suporte de um Estado superpoderoso ou pela atuação conjunta com outra organização.

( ) Para que as OIs efetivamente exerçam poder, não basta atribuir-lhes competências específicas; é necessário dotá-las de certos mecanismos destinados à produção de normas e relativos à solução de controvérsias.

Assinale a alternativa correta:

a. V, F, F, V, V.
b. F, V, F, V, V,
c. F, F, F, V, V,
d. V, V, F, V, F.
e. F, V, F, V, F.

3. Julgue as proposições a seguir e assinale a opção **incorreta** no que diz respeito à efetivação de poder das organizações internacionais governamentais:
   a. Interessa aos Estados menos desenvolvidos a efetivação de poder de uma organização porque esta poderá auxiliá-los a melhorar suas atuais posições hierárquicas e sociais no sistema internacional.
   b. Muitas OIs não se constituem em centros efetivos de poder porque isso simplesmente não é interessante para seus instituidores.
   c. Um Estado geralmente tem interesse em criar uma entidade mais poderosa do que ele em áreas de atuação em que já detém, individualmente, a hegemonia.
   d. Caso uma organização não seja constituída de instrumentos apropriados para que possa exercer suas funções e cumprir seus objetivos, fatalmente não exercerá poder no sistema internacional.
   e. Dificuldades financeiras e elevado poder de um Estado são dois fatores que podem inibir a efetividade de atuação de uma organização e, por consequência, restringir seu poder.

4. No tocante às sanções impostas aos membros de uma organização internacional governamental em caso de não cumprimento de obrigações ou não acatamento de decisões, assinale a alternativa **incorreta**:
   a. Quanto maior for a capacidade de impor sanções a seus membros e de fazer que as cumpram, maior será a chance de a organização consolidar seu poder.
   b. As sanções, desde a mais branda à mais severa, visam trazer o infrator à legalidade.

c. O constrangimento perante a opinião pública é a maior força de pressão que pode resultar de uma sanção moral reprobatória.
   d. Não havendo atendimento às determinações da organização, como medida reparatória, esta aplica as devidas medidas compensatórias, que nada mais são do que retaliações em relação à parte infratora.
   e. Retorsão, represália, boicotagem, embargo e bloqueio são possíveis medidas coercitivas que podem ser impostas pelas organizações.
5. Em uma OI que toma decisões por unanimidade plena, seus membros desfrutam dos mesmos direitos em matéria de deliberação e de voto, e há apenas órgãos plenos, o que pode ocasionar lentidão e até mesmo paralisação do processo decisório. O que as OIs costumam fazer para atenuar ou mesmo eliminar possíveis efeitos nefastos da unanimidade plena?
6. Para que as OIs desempenhem suas competências e, consequentemente, realizem seus fins, são investidas de determinados poderes. Quem são os maiores interessados na afirmação de tais poderes? Justifique.

Questão para reflexão

1. As relações entre os Estados se configuram, sobretudo, a partir da posição hierárquica em que cada um deles está colocado no sistema internacional. Nesse contexto, como as OIs podem contribuir para o estabelecimento da posição de comando de um Estado?

Crédito: Shutterstock

capítulo cinco

O Banco Mundial e a indução de políticas públicas na educação superior brasileira

Conteúdos do capítulo:

- Encaminhamento das políticas públicas brasileiras a partir das diretrizes do Banco Mundial.
- Legislação brasileira produzida a partir das diretrizes do Banco Mundial.
- Treze políticas públicas brasileiras para o ensino superior no Brasil.
- Cenário da educação superior brasileira, estatísticas sobre a educação privada e pública.
- "Coincidência" no conceito de mercantilização da educação.

Após o estudo deste capítulo, você será capaz de:

1. reconhecer o papel do Banco Mundial como organização internacional;
2. entender como uma organização internacional com o peso do Banco Mundial influencia as diretrizes para a educação superior nos países;
3. reconhecer a incidência das políticas públicas de organizações internacionais sobre a política doméstica.

O objetivo deste capítulo é levá-lo a compreender como as organizações internacionais (OIs) interferem na política doméstica dos países. Para isso, apresentaremos de forma prática como a concepção de uma política internacional pode interferir efetivamente no funcionamento das políticas públicas de um país. Refletiremos sobre a influência dessas organizações na política educacional no Brasil. Ressaltamos que este capítulo foi escrito com base em literatura consolidada na área educacional, porém foi escolhido um recorte para demonstrar como essas organizações têm poder político para influenciar as políticas públicas domésticas.

5.1 *Considerações iniciais*

No primeiro caso, demonstraremos a interferência do Banco Mundial (BM) na educação superior brasileira, especialmente na década de 1990 e no início do século XXI, ainda que essas políticas não tenham sido desenhadas especificamente para o Brasil, mas para países em desenvolvimento. O foco dessa mudança na educação tem como pilares os seguintes pontos:

a. diversificação das instituições de ensino superior (IESs);

b. diversificação dos cursos das IESs;

c. privatização das universidades públicas;

d. diversificação das fontes de financiamento para o ensino superior, como os contratos de gestão que modificam o financiamento e as diretrizes político-pedagógicas das universidades públicas, especialmente as federais.

De acordo com Katia Regina de Souza Lima (2011), para que esse modelo fosse implementado, especialmente nos governos de Fernando Henrique Cardoso (PSDB, 1995-2002), e de Luís Inácio Lula da Silva (PT, 2003-2010), houve uma modificação na gestão do modelo educacional de ensino superior que colocou como focos o conceito de "empresariamento", o estabelecimento de parcerias público-privadas (PPPs) e, por fim, os contratos de gestão. Iremos nos deter em cada um desses pontos ao longo da apresentação desse modelo, chamando atenção, especialmente, para a concepção de educação superior modificada para educação terciária.

Luiz Carlos Lucas e Roberto Leher (2001) observam que, na década de 1980, o BM foi ocupado por economistas reformistas ligados ao Consenso de Washington e às mudanças lideradas por Ronald Reagan e Margareth Thatcher. Ainda nessa linha, Nora Krawczyk (2002) destaca um documento emitido em 1992, intitulado *Transformação produtiva com equidade*, originado de uma parceria entre a Comissão Econômica para a América Latina e o Caribe (Cepal) e a Organização das Nações Unidas para a Educação, a Ciência e a Cultura (Unesco), e também as recomendações expressas em reuniões dos ministros de educação, as reuniões do Comitê Regional Intergovernamental do Projeto Principal de Educação para a América Latina e o Caribe (Promedlac) e do Programa de Promoção da Reforma Educacional na América Latina e no Caribe (Preal). Tais encontros ocorreram para traçar um caminho comum no combate das desigualdades sociais e econômicas no campo educacional por meio da gestão e da implementação de políticas públicas comuns entre os países envolvidos.

Ao apresentarmos essas organizações, queremos ressaltar o papel das OIs na formulação de políticas públicas domésticas. Com base nos documentos produzidos pelo BM, podemos confirmar essa indução a partir da efetivação de políticas públicas de educação no Brasil. Segundo Lima (2011), o próprio conceito de educação como direito social é reconfigurado a partir das diretrizes do BM:

a. privatização ampla da educação superior;
b. repasse de recursos públicos;
c. modelo de gestão empresarial passado ao setor público;
d. valorização de instrumentos de gestão como custo e benefício;
e. eficácia e qualidade medidas pelo mercado;

f. certificação;
g. fragmentação do ensino e do conhecimento;
h. formação profissional rápida;
i. exigência maior do desempenho docente.

A partir do momento em que um país passa a adotar as mesmas diretrizes disseminadas pelas OIs, é possível comprovar a existência de uma confluência entre as políticas públicas domésticas e as políticas públicas disseminadas pelas organizações, e o que esses pontos revelam é exatamente a reprodução desse mesmo modelo por meio dos tópicos apontados.

Nesse viés, na perspectiva de Lima (2011), a educação foi transformada em um campo de exploração que visa ao lucro, reproduzindo uma visão burguesa de mundo, como aponta Krawczyk (2002). No entanto, isso não ocorre sem resistência, pois a atividade sindical promovida pelos professores das instituições públicas tem dificultado a gestão dos programas oriundos das OIs.

Essa implementação ocorreu no Brasil de duas formas. O primeiro movimento foi a ampliação do ensino superior no setor privado, nomeada de **liberalização** dos serviços educacionais. O segundo movimento aconteceu nas universidades públicas brasileiras, as quais passaram por uma forma de privatização, à medida que foram criadas as fundações privadas dentro das universidades federais, que começaram a receber taxas dos cursos e realizar parcerias com empresas. Esse passo acabou modificando estruturalmente o pilar das universidades públicas, resultando em um novo modelo para ensino, pesquisa e extensão. Ainda nesse contexto, cabe salientar que houve um verdadeiro *boom* com a "venda" de cursos de pós-graduação *lato sensu* administrados por meio de fundações privadas, que assim podiam captar recursos com a venda desse serviço educacional. Houve também a comercialização de cursos de curta duração (extensão) como uma forma de arrecadação para as universidades federais, e as PPPs foram utilizadas para a oferta de mestrados profissionalizantes, tidos como autossustentáveis (Lima, 2011).

As OIs apontam alguns casos de sucesso no processo de abertura do setor educacional para o mercado no Brasil, que podemos chamar também de **descentralização**. Como exemplo, citamos o Pacto pela Educação, no Estado de Minas Gerais. No âmbito internacional, são apontados os casos do Chile, da Guatemala e de El Salvador.

Cabe salientar que essas questões estavam presentes no documento publicado em 1994 pelo BM direcionado para a reforma no ensino superior da América Latina, da Ásia e do Caribe, intitulado *La enseñanza superior: las lecciones derivadas de la experiencia* (Banco Mundial, 1994), o qual contava com pelo menos quatro estratégias.

5.2 *Estratégias do Banco Mundial para a educação na América Latina, na Ásia e no Caribe*

Com base no documento do BM (1994), podemos apontar os componentes dessas estratégias, não esquecendo que a Cepal também é uma organização do Sistema das Nações Unidas e que teve contribuição definitiva para as estratégias do BM.

Quadro 5.1 – Estratégias do Banco Mundial para a educação na América Latina, na Ásia e no Caribe

Estratégia 1	Diversificação de cursos e de IESs entre públicas e privadas, de instituições não universitárias como existentes nas escolas politécnicas, do conceito de ciclos, do desenvolvimento de cursos de curta duração e também de cursos na modalidade de educação a distância (EaD).

(continua)

(Quadro 5.1 – conclusão)

Estratégia 2	Alternativa de financiamento para as IESs, primeiramente, com a cobrança de matrículas e mensalidades. Em seguida, com o afastamento do custeio de atividades que passaram a não ser consideradas de educação, como alimentação e moradia. Na sequência, com a busca, por meio de convênios, de arrecadação junto a empresas, bem como a criação de associações de ex-alunos, cursos de curta duração, cursos pagos, além da comercialização de atividades puramente educacionais, como consultorias e pesquisas. Essa forma de arrecadação seria realizada por meio das fundações, pois são estruturas administrativas regidas pelo direito privado e, portanto, mais flexíveis.
Estratégia 3	Construção de um quadro político e jurídico para criar condições de abrir a educação para o mercado.
Estratégia 4	Criação de uma política de qualificação para o ensino superior.

Fonte: Adaptado de Banco Mundial, 1994.

Nesse sentido, podemos indicar os componentes dessas estratégias, pois definem a relação entre o Estado e a sociedade como pressupostos emitidos pelo BM. A preocupação candente era com um tipo de Estado enxuto, e as demandas sociais acabavam sendo geridas pelo mercado. Nesse documento, o Estado ocupa papel central, pois deve ser incentivador da sociedade e da economia, controlando a violência, promovendo políticas sociais de proteção, buscando o mercado para estabelecer ligações que objetivem parcerias, incentivando a expansão industrial, bem como maior participação da fiscalização no desempenho das funções estatais.

Assim, na década de 1990, com base nas diretrizes do BM, foi consolidado um modelo de privatização no ensino superior para os países de economia periférica. Já em 1999, o BM disseminou um novo documento, intitulado *Estratégias para o setor educacional*, destacando a educação superior privada como uma solução para as pessoas saírem da situação de pobreza. Outro campo ressaltado nesse documento foi a privatização das telecomunicações e da energia. Uma novidade nesse período foi a abertura do setor educacional a partir de investimentos privados de países da economia central na periférica. Assim, naquele período cresceu o empresariamento do setor educacional no Brasil estimulado por políticas do BM em conjunto com a Organização Mundial do Comércio (OMC), seguindo, ao menos, três princípios:

 a. **Globalização:** fenômeno mundial em que as trocas entre os setores são cada vez mais intensas e ainda mais incentivadas pelo BM no setor educacional, a partir de parcerias entre os países periféricos e os de economia central. Por meio das parcerias, ocorrem trocas de conhecimento quanto a sistemas de ensino, grades de cursos e modelos, professores, formas de treinamento dos professores, bem como convênios com os Estados Unidos e os países da Europa. O fato é que isso cria um caldo cultural capaz de reproduzir padrões hegemônicos que estimulam o funcionamento do capitalismo.

 b. ***Boom* das universidades corporativas:** universidades direcionadas para as necessidades imediatas das empresas.

 c. **Impacto da revolução tecnológica no mundo:** fator de destaque para a formação de universidades virtuais a partir da implantação da tecnologia, com o incentivo das OIs.

Já em 2002, o BM publicou o documento intitulado *Construir sociedades de conocimiento: nuevos desafíos para la educación terciaria* (Banco Mundial, 2002). Foi nesse contexto que houve uma mudança de conceito de educação superior para educação terciária[1], disseminando a ideia de que estamos na era do conhecimento, daí a necessidade de expandir e diversificar a educação terciária. Em determinado momento, esse cenário ficou tão difundido que qualquer curso pós-médio passou a ser entendido como um curso terciário. Na mesma linha, a rapidez de demanda do mercado de

---

1 Segundo Clarissa Neves (2003, p. 23), "cabe observar que, em todo o mundo, ao contrário do Brasil, a educação superior começou a ser encarada como educação terciária. No lugar de um número pequeno de universidades de elite, mesmo multifuncionais, surgiram complexos sistemas que atendem a milhões de estudantes de origem social, condições econômicas, padrão de escolarização e interesses distintos. A compreensão da realidade atual dos sistemas de ensino superior requer, portanto, uma análise da transformação dos sistemas universitários em sistemas diferenciados de educação terciária. Esse fenômeno, no Brasil, reveste-se de características próprias que precisam ser adequadamente compreendidas [...]".

trabalho acabou acelerando o ritmo de oferta de cursos pós-médios, entendidos como de curta duração com especialização em demandas de mercado e de rápida aplicação no mercado de trabalho.

5.3 Políticas públicas para o ensino superior no Brasil

Podemos identificar a implementação dessas mudanças a partir das diretrizes do BM, por meio de políticas públicas efetivas oriundas de medidas provisórias, leis e decretos, os quais são apresentados de forma detalhada no quadro a seguir.

Quadro 5.2 – Resumo das políticas públicas para o ensino superior no Brasil

	Norma	Política pública de ensino superior
1	Lei n. 10.861/2004	Institui o Sistema Nacional de Avaliação da Educação Superior (Sinaes).
2	Decreto n. 5.205/2004	Faz a regulamentação das parcerias entre as universidades federais e as fundações de direito privado, o que facilita a captação de recursos de origem privada para realizar o financiamento de atividades acadêmicas.
3	Lei n. 10.973/2004	Conhecida como *Lei da Inovação Tecnológica*, estabelece as parcerias entre as universidades públicas e as empresas.
4	Projeto de Lei n. 3.627/2004	Cria o Sistema Especial de Reserva de Vagas para estudantes egressos de escolas públicas, negros e indígenas nas instituições públicas federais de educação superior.
5	Inúmeros projetos de lei, como o Parecer CNE/CES n. 436/2001	Tratam de medidas legais que reformularam a educação profissional e tecnológica.
6	Lei n. 11.079/2004	Conhecida como *Lei da PPP (parceria público-privada)*, trata de um arcabouço legal que atua não somente no ramo educacional, mas em diversas áreas.

(continua)

(Quadro 5.2 – continuação)

	Norma	Política pública de ensino superior
7	Lei n. 11.096/2005 (ProUni)	Trata da ampliação da isenção fiscal para IESs privadas.
8	Projeto de Lei n. 7.200/2006	Trata da reforma na educação superior; encontra-se no Congresso Nacional.
9	Decreto n. 5.800/2006 Decreto n. 5.622/2005	Ambos discutem a educação superior a distância (EaD) e marcam a formação do Sistema Universidade Aberta do Brasil (Uab).
10	Decreto n. 6.096/2007 (Reuni)	Discute o Programa de Apoio a Planos de Reestruturação e Expansão das Universidades Federais (Reuni) e o Banco de Professores Equivalentes. Um dos objetivos é aumentar o número de alunos de graduação em universidades federais, bem como o número de alunos por professor, além de diversificar as modalidades dos cursos de graduação, flexibilizar currículos, criar cursos de curta duração e elevar as taxas de conclusão para 90% dos cursos de graduação.
11	Medida Provisória n. 495/2010 Decretos n. 7.232, 7.233 e 7.234/2010	São chamados de *pacote de autonomia*, pois: a) ampliam as ações das fundações de direito privado nas universidades federais; b) retiram das universidades a autonomia na definição dos projetos acadêmicos que poderiam ser financiados, levando essa prerrogativa a ser transferida para as fundações de direito privado que têm flexibilidade para a arrecadação de fundos no mercado; c) legalizam a quebra do regime de trabalho de dedicação exclusiva dos professores concursados; d) dificultam uma solução para a falta de trabalhadores técnico-administrativos para os Institutos Federais de Ensino Superior (Ifes), sendo criado um único mecanismo de realocação de vagas; e) modificam as condições para o orçamento dos Ifes, levando em conta índices de produtividade, conforme ocorre no setor privado; f) criam o Programa Nacional de Assistência Estudantil (Pnaes), sem esclarecer a origem dos recursos financeiros para a concretização do programa.

(Quadro 5.2 – conclusão)

Norma		Política pública de ensino superior
12	Medida Provisória n. 520/2010	Autoriza a criação da Empresa Brasileira de Serviços Hospitalares (Ebserh). Ainda que vinculada ao Ministério da Educação (MEC), essa empresa tem personalidade jurídica de direito privado, o que flexibiliza a contratação de funcionários nos hospitais universitários.
13	Lei n. 11.487/2007	A Lei de Incentivo Fiscal à Pesquisa estabelece uma parceria entre as universidades e as empresas, por meio de abatimento de Imposto de Renda e Contribuição Social sobre o Lucro Líquido (CSLL).

Fonte: Adaptado de Lima, 2001, p. 89-90.

Para saber mais

Se você tiver um interesse maior pelo tema da educação, sugerimos que acesse o *link* das leis para conhecer na íntegra as discussões, especialmente o Projeto de Lei n. 7.200/2006, que é um apanhado de toda essa discussão.

BRASIL. Congresso Nacional. **Projeto de Lei n. 7.200/2006**. Estabelece as normas gerais da educação superior, regula a educação superior no sistema federal de ensino, altera as Leis n. 9.394, de 20 de dezembro de 1996; 8.958, de 20 de dezembro de 1994; 9.504, de 30 de setembro de 1997; 9.532, de 10 de dezembro de 1997; 9.870, de 23 de novembro de 1999; e dá outras providências. Brasília, 10 abr. 2006. Disponível em: <http://www.camara.gov.br/sileg/integras/402692.pdf>. Acesso em: 25 set. 2015.

Cabe, também, aprofundar a discussão em relação à revolução trazida pela educação tecnológica no Brasil. Saiba mais apreciando este documento:

BRASIL. Ministério da Educação. Conselho Nacional de Educação. Câmara de Educação Superior. Parecer n. 436, de 2 de abril de 2001. Relator: Carlos Alberto Serpa de Oliveira. **Diário Oficial da União**, Brasília, DF, 6 abr. 2001. Disponível em: <http://portal.mec.gov.br/setec/arquivos/pdf_legislacao/superior/legisla_superior_parecer4362001.pdf>. Acesso em: 25 set. 2015.

O interessante é que o quadro com o resumo das políticas públicas para o ensino superior no Brasil demonstra de forma concreta, isto é, por meio de políticas públicas efetivas, como as OIs interferem e/ou influenciam na formulação de políticas públicas. Então, muito mais do que boatos ou discursos vazios, este capítulo nos apresenta concretamente que as OIs têm o poder de influenciar a política doméstica do Brasil.

Assim, essas ações políticas podem ser resumidas em três pontos:
   a. fortalecimento efetivo do setor privado, mas com certa atenção para o setor público, promovendo mudanças, com instrumentos de gestão próprios do setor privado;
   b. realização das PPPs na educação superior;
   c. clarificação, por meio de contratos, da tão discutida globalização e do processo neoliberal como cartilha difundida pelas OIs para os países em desenvolvimento, como o Brasil.

Perceba que, quando estabelecemos um setor como foco, por exemplo a educação, podemos verificar os encaminhamentos dessas políticas públicas e demonstrar de forma indiscutível como são aceitas, desenvolvidas e implementadas nos países. No fim do governo de Fernando Henrique Cardoso, o último censo indicava que o Brasil tinha, no setor público, aproximadamente 320 mil alunos e que, no setor privado, esse número ultrapassava a marca de 1 milhão.

Outra comprovação de que as diretrizes do BM estão sendo seguidas no Brasil é a pesquisa anual realizada pelo Instituto Nacional de Estudos e Pesquisas Educacionais Anísio Teixeira (Inep), que segue as diretrizes estabelecidas pelo Decreto n. 6.425, de 4 de abril de 2008 (Brasil, 2008). Essa pesquisa ocorre por meio do preenchimento de formulários pelas IESs e pelos dados transportados pelo Sistema do e-MEC. Vale a pena conferir as estatísticas e verificar que a política de expansão do setor privado continua como uma forte tendência.

Tabela 5.1 – Evolução do número de instituições de ensino superior segundo a categoria administrativa (2009-2013)

Ano	Total	Federal	Estadual	Municipal	Privada
2009	2.314	94	84	67	2.069
2010	2.378	99	108	71	2.100
2011	2.365	103	110	71	2.081
2012	2.416	103	116	85	2.112
2013	2.391	106	119	76	2.090

Fonte: Adaptado de Brasil, 2014, p. 49.

É interessante observar a baixa oscilação dos números – ainda que ocorram mudanças sutis, elas existem. Como exemplo, verificamos um forte declínio em relação à existência de IESs municipais; também uma pequena expansão das estaduais e das federais e um pequeno declínio das privadas. Ainda apresentando o quadro das políticas públicas no Brasil, vale acompanharmos a evolução das instituições e o número de matrículas que comprovam a expansão do setor privado.

Tabela 5.2 – Número de instituições de educação superior e número de matrículas por graduação (2013)

Tipo de organização acadêmica	Instituições Total	Instituições %	Matrículas de graduação Total	Matrículas de graduação %
Total	2.391	100	7.305.977	100
Universidades	195	8,2	3.898.880	53,4
Centros universitários	140	5,9	1.154.863	15,8
Faculdades	2.016	84,3	2.131.827	29,2
Ifes e Centros Federais de Educação Tecnológica (Cefets)	40	1,7	120.407	1,6

Fonte: Adaptado de Inep, 2014.

Como podemos ver na Tabela 5.2, atualmente, há no Brasil 2.391 IESs, e somente 8% são universidades, as quais mantêm mais de 53% dos alunos. Por outro lado, as faculdades têm uma participação acima de 84%, mas atendem somente a 29% dos alunos.

5.4 Considerações sobre as políticas públicas no Brasil e o Banco Mundial

O importante é que esses dados demonstram a força das OIs no desenvolvimento das políticas públicas nacionais, seguindo exatamente o modelo criado pelo BM, isto é, de desenvolver cursos privados dentro de instituições não universitárias caracterizadas pelo não desenvolvimento de pesquisas, que são classificadas como instituições de ensino.

Para Lima (2011, p. 88),

> o objetivo das reformas e políticas da educação superior em curso no Brasil: a garantia da coesão social em torno das reformas estruturais (previdenciária, tributária, sindical e trabalhista), realizadas pelo governo Lula da Silva em absoluta consonância com as políticas dos organismos internacionais do capital. Nesse sentido, a desconstrução da educação superior pública brasileira é apresentada como "democratização" do acesso à educação para os segmentos mais pauperizados da população. O ProUni, o Fundo de Financiamento ao Estudante do Ensino Superior (FIES), o ensino a distância, o projeto Escola na Fábrica, as "universidades" tecnológicas, os cursos sequenciais, os cursos de curta duração e o Reuni constituem importantes referências da política de ampliação de acesso à educação utilizada pelo Governo Federal para legitimar suas ações por intermédio de uma eficiente operação ideológica que as reveste de um ilusório verniz democrático-popular.

> **Para saber mais**
>
> Conheça mais sobre a situação do ensino superior no Brasil:
>
> BRASIL. Ministério da Educação. Instituto Nacional de Estudos e Pesquisas Educacionais Anísio Teixeira. Diretoria de Estatísticas Educacionais. **Censo da educação superior 2012**: resumo técnico. Brasília, 2014. Disponível em: <http://download.inep.gov.br/download/superior/censo/2012/resumo_tecnico_censo_educacao_superior_2012.pdf>. Acesso em: 24 ago. 2015.

Cabe ressaltar que essas políticas públicas não são uma simples subordinação; pelo contrário, referem-se a características de um olhar convergente a respeito de um conceito de educação terciária. Certamente, há contratos que regem essa relação, mas elas são sobrepostas a uma série de conceitos e movimentos históricos. A educação entra no mundo global como uma matriz que manteve a indivisibilidade entre ensino, pesquisa e extensão, mas também um caráter de "mercadoria". Ainda que as diretrizes venham do BM, ocorre uma centena de articulações mundiais e nacionais que nos auxiliam a pensar sobre esse processo.

Apresentamos, neste capítulo, uma reflexão sobre o processo de mercantilização da educação, mas também queremos destacar que se trata de um processo de mão dupla, pois milhares de brasileiros tiveram acesso à educação e, por meio dela, transformaram a própria vida e romperam com ciclos de estagnação social. Nosso objetivo foi refletir a respeito da influência das OIs sobre as políticas públicas domésticas, dando concretude ao papel dessas organizações nas políticas públicas dos países.

Estudo de caso

Para esclarecermos a importância do conteúdo exposto neste capítulo, apresentaremos um breve estudo de caso sobre o Brasil, as OIs e a educação. Quando falamos em OIs, não conseguimos perceber o alcance e a função que estas desempenham na vida dos cidadãos. No entanto, a partir deste recorte epistemológico, torna-se possível vislumbrar o papel das organizações e seu efetivo impacto na formulação de políticas públicas de educação superior no Brasil.

Temos como exemplo uma decisão nada banal que deve ser tomada pela maioria dos adolescentes que estão terminando o ensino médio: a escolha de um curso superior. Esta, aparentemente, é uma questão pessoal; entretanto, o leque de opções que os cidadãos têm, isto é, de cursos ofertados, passou por várias decisões anteriores, de ordem política e, provavelmente, em nível federal. Além disso, antes dessas decisões puramente internas (domésticas) no Brasil, houve outras tomadas no âmbito de OIs. Pois bem, nada melhor do que apresentar uma síntese das recomendações da Cepal, da Unesco e do BM presentes no documento de 1992 intitulado *Educación y conocimiento: eje de la transformación productiva com equidad* (Cepal, 1992), o qual tratou de sugerir transformações no cenário educacional, tendo como meta as seguintes diretrizes:

a. **Estratégia política**: refere-se ao fato de que as atividades de produção e difusão do conhecimento passam a ser consideradas tarefas estratégicas de longo prazo que requerem amplo entendimento entre os diferentes atores sociais e um compromisso estável com seu desenvolvimento.

b. **Estratégia dos conteúdos**: trata-se de focalizar a ação nos resultados de educação, capacitação, ciência e tecnologia e em sua articulação com as exigências do desempenho de pessoas, empresas e instituições nos diferentes âmbitos da sociedade.

c. **Estratégia institucional**: aproxima estabelecimentos educativos e a introdução de modalidades de ação em que os atores tenham maiores margens de autonomia nas decisões, assim como maior responsabilidade pelos resultados.

Com isso, é possível demonstrar que essas estratégias previamente definidas impactam a vida de todos, até mesmo as escolhas que realizamos quando resolvemos cursar determinada graduação. E mais, além de impactar diretamente nossa vida, elas influenciam o caminho do mercado e da expansão em determinadas áreas de conhecimento. É importante perceber esse cenário, pois esse também é um aspecto das políticas públicas decididas em esferas aparentemente distantes de nós.

Síntese

Vimos, neste capítulo, como as decisões das OIs interferem e influenciam nas políticas públicas domésticas brasileiras em relação ao ensino superior no país. Percebemos, com base na concretude de trabalhos acadêmicos, como a educação superior atendeu às demandas e às orientações do BM e da Cepal, em relação à implementação de políticas públicas para o ensino superior, de forma muito clara: em sua ampliação, expansão, diversificação, privatização, bem como na diversificação das fontes de financiamento para o ensino superior. O recorte temporal é bastante preciso e teve início na década de 1990, com o governo de Fernando Henrique Cardoso.

Há aspectos de democratização nesse processo; no entanto, podemos identificar a implementação de um modelo de gestão diferenciado do que havia até então. Temos tanto a transformação do setor público como o nascimento de um novo modelo universitário no setor privado, na década de 1990, e posteriormente, já no início dos anos 2000, o entendimento de que a educação seria uma forma de sair da situação de pobreza. Surgiram, portanto, os mecanismos de "empresariamento". Foi criada uma grande normatividade para essa nova realidade do ensino superior no Brasil, regulando especialmente as formas de acesso a recursos, mecanismos de qualidade, formas de incentivo fiscal e de vagas públicas no setor privado. Essas leis demonstram concretamente como as OIs influenciaram as políticas públicas de educação no Brasil.

Exercícios resolvidos

1. Reproduzimos novamente a seguir a citação do texto de Kátia Regina de Souza Lima (2011, p. 88) para refletir se estamos vendo no campo educacional um aprofundamento da democracia ou somente o revestimento de um "verniz" com características democráticas. Acompanhe:

    > o objetivo das reformas e políticas da educação superior em curso no Brasil: a garantia da coesão social em torno das reformas estruturais (previdenciária, tributária, sindical e trabalhista), realizadas pelo governo Lula da Silva em absoluta consonância com as políticas dos organismos internacionais do capital. Nesse sentido, a desconstrução da educação superior pública brasileira é apresentada como "democratização" do acesso à educação para os segmentos mais pauperizados da população. O ProUni, o Fundo de Financiamento ao Estudante do Ensino Superior (FIES), o ensino a distância, o projeto Escola na Fábrica, as "universidades" tecnológicas, os cursos sequenciais, os cursos de curta duração e o Reuni constituem importantes referências da política de ampliação de acesso à educação utilizada pelo Governo Federal para legitimar suas ações por intermédio de uma eficiente operação ideológica que as reveste de um ilusório verniz democrático-popular.

    Apresente os principais aspectos sobre a expansão da educação superior no Brasil.

Sugestão de resposta: A autora fala em democracia, que, por um lado, significa a expansão do ensino superior, o que efetivamente se traduz como universalização. Por outro lado, chama atenção para o fato de que a inclusão social efetivamente provocada precisa do alicerce da qualidade, pois não basta universalizar, é preciso também fazê-lo dentro de padrões aceitáveis, isto é, ensino, pesquisa e extensão. O texto aponta que há um impacto objetivo das organizações internacionais (OIs) sobre as políticas públicas no Brasil.

2. Identifique os principais motivos que conduzem um país a adotar as políticas públicas orientadas pelas OIs.

Sugestão de resposta: Uma das principais causas da adoção de políticas públicas por parte dos países ocorre em virtude da destinação de recursos dessas OIs, que acabam criando programas para que os países aceitem tais políticas. No entanto, existe uma produção de estatísticas e metas por parte das OIs que estimula os países a perseguir esses objetivos. A uniformização dos dados e das políticas permite estabelecer uma comparação entre os países, o que acaba fortalecendo as políticas públicas.

Questões para revisão

1. Em relação à tomada de decisão das organizações internacionais (OIs) no campo das políticas públicas educacionais para o ensino superior, oriundas do Banco Mundial (BM) e da Comissão Econômica para a América Latina e o Caribe (Cepal), assinale a alternativa correta:

    a. As decisões das OIs não interferem diretamente nas políticas públicas dos países.

    b. As políticas públicas educacionais não foram entendidas como um fator importante para a mobilidade social.

- c. O Estado brasileiro custeou, independentemente de outros países, todo o processo de mudança ocorrida na configuração das políticas públicas de educação superior.
- d. A expansão da educação superior pode ser compreendida como um mecanismo de universalização do ensino superior.
- e. Foi utilizado de forma equivocada o termo *empresariamento* para explicar um dos modelos de expansão do ensino superior no Brasil, de acordo com os modelos e os documentos disseminados pelo BM e por outros organismos internacionais.

2. Avalie as proposições a seguir e marque (V) para as verdadeiras e (F) para as falsas:

( ) A globalização foi um fenômeno mundial em que ocorreram trocas cada vez mais intensas, especialmente no setor educacional, estimuladas pelo BM.

( ) Ocorreu um *boom* das universidades corporativas, o que gerou também uma política pública de educação superior.

( ) A revolução tecnológica não teve impacto no processo de expansão do ensino superior no Brasil e na América Latina; isso foi fruto de decisões puramente políticas, e não técnicas.

( ) Em 1999, o BM passou a disseminar, como conceito, que a mobilidade social pode ser conquistada a partir da educação superior privada principalmente no documento *Estratégias para o setor educacional*.

( ) Nunca foi disseminado o conceito de educação terciária para o ensino superior; o BM trabalhava somente com o conceito de educação superior.

Assinale a alternativa correta:
a. F, V, F, F, V.
b. V, F, V, V, F.
c. V, V, F, V, F.
d. V, V, V, V, F.
e. V, V, F, F, F.

3. Julgue as proposições a seguir e assinale a opção correta no que diz respeito à legislação vigente em relação às políticas públicas de ensino superior no Brasil:
   a. Desde 1940 existe o Sistema Nacional de Avaliação da Educação Superior (Sinaes) como política de avaliação no ensino superior.
   b. Em 2004, foi criada a Lei de Inovação Tecnológica, exatamente para estabelecer parcerias entre universidades públicas e empresas.
   c. As parcerias público-privadas (PPPs) são utilizadas exclusivamente no ramo educacional.
   d. O Programa Universidade para Todos (Prouni) nasceu com base em um modelo de isenção fiscal para as instituições de ensino superior públicas e privadas.
   e. Foi criado um programa de apoio para as universidades, chamado *Reuni*. Um dos objetivos desse programa foi elevar o número de alunos de graduação em universidades privadas, aumentando também o número de alunos por professor e diversificando as modalidades de cursos.

4. Apresente os três principais pontos das políticas públicas de educação superior no Brasil.

5. As políticas públicas de educação podem apresentar um retrato sobre a interferência ou não das OIs nas políticas públicas domésticas. Apresente e comente os principais aspectos dessas políticas no Brasil.

Questão para reflexão

1. Comente sobre os principais impactos das políticas públicas de educação no Brasil com base no desenho das OIs.

capítulo seis

Crédito: Celso Pupo/Shutterstock.com

O papel da ONU no trânsito:
o caso brasileiro

Conteúdos do capítulo:

- Conhecimento técnico, histórico, sociológico e de ciência política sobre trânsito.
- Políticas públicas de trânsito seguro oriundas da ONU.
- Avanços e recuos na definição de políticas públicas de trânsito.
- Funcionamento e fragilidade das políticas públicas de trânsito no Brasil e no mundo.

Após o estudo deste capítulo, você será capaz de:

1. reconhecer o papel da ONU na orientação de políticas de trânsito;
2. constatar como uma organização internacional com a importância da ONU apresenta as diretrizes para o trânsito seguro no Brasil e no mundo;
3. entender as diretrizes concretas da ONU em relação ao trânsito;
4. entender o encaminhamento das políticas públicas brasileiras de trânsito a partir das diretrizes da ONU;
5. compreender a legislação brasileira e as políticas públicas de trânsito produzidas a partir dos documentos da ONU e dos grandes encontros internacionais com essa temática.

Nosso objetivo, neste capítulo, é demonstrar, com base na literatura existente, como as referências das organizações internacionais (OIs) incidem na formulação de políticas públicas do trânsito no Brasil. Como ponto de partida, a Organização das Nações Unidas (ONU) e a Organização Mundial da Saúde (OMS) reconheceram que há uma crise mundial de segurança viária, e será a partir dessa constatação que discutiremos esse assunto.

Cabe destacar que, com o crescente processo de internacionalização dos direitos humanos, a partir da Declaração Universal dos Direitos do Homem (1948) e dos Pactos Internacionais (1966), há, segundo Cassio Mattos Honorato (2011), mais de 200 documentos internacionais, como pactos e declarações, direcionados para a questão dos direitos humanos. Ainda que nenhum desses documentos apresente diretamente a problemática do trânsito, o foco nos direitos humanos, quando falamos em trânsito, é algo premente.

> **Para saber mais**
>
> Conheça mais sobre esses 200 documentos, entre pactos e declarações, e perceba como o trânsito afeta nossa vida todos os dias.
>
> HONORATO, C. M. Trânsito seguro: direito fundamental de segunda dimensão. **Revista dos Tribunais**, n. 911, ano 100, p. 107-169, set. 2011. Disponível em: <http://www.stf.jus.br/arquivo/cms/processo AudienciaPublicaAdin4103/anexo/TRANSITO_SEGURO_Direito_ Fundamental__CASSIO_HONORATO__Texto_impresso_ RT_911_em_Set_2011.pdf>. Acesso em: 24 ago. 2015.
>
> NADER, A. **Conselho de Segurança e o seu papel no século XXI**: ONU por um mundo uno. Curitiba: Juruá, 2010.

6.1 Conferências e encontros mundiais sobre trânsito

Em uma perspectiva histórica, apresentamos no Quadro 6.1, em ordem cronológica, as principais conferências e encontros mundiais sobre trânsito, que tiveram como objetivo de regulamentar e criar critérios internacionais para a circulação de pessoas e veículos, dada a importância desse processo.

Quadro 6.1 – História dos eventos internacionais sobre trânsito

Ano	Convenção	Resultado legal	Países
1909	Convenção Internacional para a Circulação de Automóveis	Certificado Internacional para Dirigir; convênio internacional relativo à circulação de automóveis; Decreto n. 19.039/1929	Alemanha, Áustria, Bélgica, Brasil, Bulgária, Chile, China, Colômbia, Cuba, Dinamarca, Egito, Equador, Espanha, Estados Unidos da América, Estônia, Finlândia, França, Grã-Bretanha, Irlanda do Norte, Guatemala, Grécia, Haiti, Hungria, Itália, Luxemburgo, México, Mônaco, Noruega, Panamá, Paraguai, Países Baixos, Peru, Pérsia, Polônia, Portugal, Suécia, Suíça, Síria, Líbano, Tchecoslováquia, Turquia, Uruguai
1923	Conferência Internacional dos Estados Americanos	Política de Congressos Pan--Americanos de Estradas de Rodagem	Argentina, Bolívia, Brasil, Chile, Colômbia, Costa Rica, Cuba, Equador, El Salvador, Estados Unidos da América, Guatemala, Haiti, Honduras, México, Nicarágua, Panamá, Paraguai, Peru, República Dominicana, Uruguai, Venezuela
1926	Tratado de Paris	Tratado de Paris	França

(continua)

(Quadro 6.1 – continuação)

Ano	Convenção	Resultado legal	Países
1928	Primeiro Código de Trânsito Brasileiro, por meio do Decreto n. 18.323 (o primeiro regulamento para a circulação internacional de automóveis e para a sinalização de segurança no trânsito)	Primeiro Código de Trânsito Brasileiro	Brasil
1941	Segundo Código Nacional de Trânsito, por meio do Decreto-Lei n. 3.651	Segundo Código de Trânsito Brasileiro	Brasil
1943	Convenção Interamericana de Washington	Regulamentação do tráfego internacional viário e facilitação da movimentação de veículos automotores entre os Estados, garantindo a liberdade de circulação	Argentina, Bolívia, Brasil, Chile, Colômbia, Costa Rica, Cuba, Equador, El Salvador, Estados Unidos da América, Guatemala, Haiti, Honduras, México, Nicarágua, Panamá, Paraguai, Peru, República Dominicana, Uruguai, Venezuela

(Quadro 6.1 – continuação)

Ano	Convenção	Resultado legal	Países
1949	Conferência de Genebra	Diretrizes Gerais	África do Sul, Albânia, Argélia, Argentina, Austrália, Áustria, Bahamas, Bangladesh, Barbados, Bélgica, Benim, Botswana, Bulgária, Burquina Faso, Camboja, Canadá, Chile, Chipre, Coreia do Sul, Costa do Marfim, Cuba, Dinamarca, Egito, Emirados Árabes Unidos, Equador, Eslováquia, Espanha, Estados Unidos da América, Fiji, Filipinas, Finlândia, França, Gâmbia, Gana, Geórgia, Grécia, Guatemala, Guiana, Haiti, Honduras, Hungria, Índia, Irlanda, Islândia, Israel, Itália, Jamaica, Japão, Jordânia, Laos, Lesoto, Líbano, Luxemburgo, Madagáscar, Malásia, Malawi, Mali, Malta, Marrocos, Maurícia, Mónaco, Montenegro, Namíbia, Níger, Nigéria, Noruega, Nova Zelândia, Papua-Nova Guiné, Paraguai, Peru, Polônia, Portugal, Quirguistão, Reino Unido, República Centro--Africana, República Tcheca, República Democrática do Congo, República do Congo, República Dominicana, Romênia, Ruanda, Rússia, São Marinho, Seicheles, Senegal, Serra Leoa, Sérvia, Singapura, Síria, Sri Lanka, Suazilândia, Suécia, Suíça, Tailândia, Togo, Trindade e Tobago, Tunísia, Turquia, Uganda, Venezuela, Vietnã, Zâmbia, Zimbabwe
1966	Terceiro Código de Trânsito Brasileiro, por meio da Lei n. 5.108	Terceiro Código de Trânsito Brasileiro	Brasil

(Quadro 6.1 – conclusão)

Ano	Convenção	Resultado legal	Países
1968	Convenção sobre Trânsito Viário	Diretrizes Gerais	Alemanha, Áustria, Bélgica, Bielorrússia, Brasil, Bulgária, Chile, Costa Rica, Dinamarca, Equador, Espanha, Filipinas, França, Hungria, Indonésia, Inglaterra, Irã, Israel, Itália, Luxemburgo, México, Polônia, Portugal, Romênia, Rússia, São Marinho, Suécia, Suíça, Tailândia, Ucrânia, Venezuela
1992	Tratado de Montevidéu para o Mercosul	Acordo sobre Regulamentação Básica Unificada de Trânsito (RBUT), que foi ratificado no Brasil por meio do Decreto de 3 de agosto de 1993.	Brasil, Argentina, Bolívia, Chile, Paraguai, Peru e Uruguai
2009	Conferência de Moscou (gerada pela Crise Mundial de Segurança Viária)	Década de Ações para a Segurança Viária	Todos os países do mundo

Fonte: Elaborado com base em Honorato, 2011.

A partir do reconhecimento de uma crise mundial viária, a ONU resolveu oferecer diretrizes para que esse quadro fosse mudado tendo em vista um trânsito seguro, e a OMS tem coordenado ações para estabelecer uma política de segurança viária. Nesse sentido, podemos destacar três medidas:
1. criação do Grupo de Colaboração das Nações Unidas para Segurança Viária;
2. compromisso do Banco Mundial (BM) em criar um fundo de apoio à segurança viária;
3. publicação do *Informe mundial sobre prevenção de traumatismos causados pelo trânsito*, no qual já foram identificados os principais fatores de risco no trânsito: velocidade

inadequada/excessiva; embriaguez ao volante; não uso do cinto de segurança; falta de um sistema seguro para crianças; ausência de capacete de segurança.

Cabe destacar que o fato de estarmos discutindo e pensando o trânsito, por si só, serve como alerta para as posturas que adotamos no dia a dia, sendo esse um caminho para que os documentos internacionais passem a vigorar. Um *site* muito interessante nesse sentido é o Portal do Trânsito, além de outros movimentos que passam a colaborar com a disseminação dessas políticas públicas.

> **Para saber mais**
>
> Conheça o Portal do Trânsito:
>
> PORTAL DO TRÂNSITO. Disponível em: <http://portaldotransito.com.br>. Acesso em: 24 ago. 2015.
>
> Conheça também o *site* do movimento Não Foi Acidente, que ganhou força nacional a partir da mobilização de um jovem que perdeu a mãe e a irmã em uma colisão de trânsito – formalmente conhecida por *acidente*. Por discordar do tratamento dispensado à morte de seus familiares, ele criou esse movimento para defender a ideia de que as mortes no trânsito não são acidentes: elas podem, sim, ser evitadas.
>
> NÃO FOI ACIDENTE. Disponível em: <http://naofoiacidente.org/blog>. Acesso em: 24 ago. 2015.

6.2 *OMS e ONU: políticas públicas para o trânsito*

É importante perceber como as OIs influenciam as políticas de trânsito e como a disseminação dessas políticas interfere em nossa vida. Foi nesse sentido que, em 2 de março de 2010, na Assembleia Geral da ONU, por meio da Resolução n. A/64/255, que trata da melhoria da segurança viária no mundo, foi estabelecido o período de 2011--2020 como **Década de Ações para a Segurança Viária** (ONUBR, 2011).

> **Para saber mais**
>
> Conheça a Resolução n. A/64/255, da Assembleia Geral da ONU, que definiu a melhoria da segurança viária no mundo, isto é, a Década de Ações para a Segurança Viária 2011-2020. Cabe lembrar que todos nós, indistintamente, para o desenvolvimento de nossas atividades, estamos diariamente transitando pelas vias; então, esse documento e as ações geradas a partir dele influenciam em nosso dia a dia. Reflita sobre o tema e transforme sua experiência da forma mais pacífica e humana possível, pois o trânsito serve para avaliarmos também o grau de civilidade de uma nação.
>
> Leia o documento no *site* do Instituto de Ética e Comportamento no Trânsito (disponível em espanhol):
>
> IECT – Instituto de Ética e Comportamento no Trânsito. **Resolução 64/255**. [S.l.], 10 maio 2010. Disponível em: <http://iect.org.br/resolucao-64255>. Acesso em: 28 out. 2015.

Dois objetivos nortearam essa decisão acerca da Década de Ações para a Segurança Viária no período de 2011-2020. O primeiro foi **estabilizar** os índices de vítimas fatais de trânsito no mundo inteiro e o segundo, **reduzir** o número de vítimas fatais por meio de atividades mundiais, nacionais, regionais e municipais. Vale ressaltar que o direito à vida é inalienável, bem como a incolumidade física; assim, um trânsito seguro deve ser uma garantia de todos os cidadãos, inclusive por ser um preceito constitucional.

Aqui cabe uma interferência: Você conhece alguém que já se envolveu em um acidente de trânsito? Isso é importante para percebermos o quanto o trânsito é capaz de impactar a vida de todos nós. Existe no Brasil um movimento que quer modificar, na norma da Associação Brasileira de Normas Técnicas (ABNT), a nomenclatura que define o que é acidente de trânsito. De acordo com a NBR 10 697:1989 (ABNT, 1989), acidentes de trânsito são eventos não premeditados de que resulte dano em veículo ou em sua carga e/ou lesões em pessoas ou animais, em que uma das partes está em movimento nas vias terrestres ou em áreas abertas.

> **Para saber mais**
>
> Como exemplo dessa discussão, consideramos que vale a pena mencionar que a professora Vanessa Fontana, uma das autoras deste livro, foi vítima de atropelamento. Conheça essa história e perceba o quanto o trânsito é capaz de impactar a vida das pessoas. Reflita sobre a norma: Será correta a expressão *acidente de trânsito*? Como isso é tratado em outros países? Nós não sabemos a resposta, mas você pode descobrir.
>
> BLOG da Vanessa Fontana. **Não foi acidente.** 5 ago. 2014. Disponível em: <https://vanessadesouza.wordpress.com/2014/08/05/3582>. Acesso em: 24 ago. 2015.

Discutindo esse cenário de normas, convenções e leis, Honorato (2011) destaca os desafios para o estabelecimento de um trânsito seguro. De acordo com o referido autor, são necessários dois esforços com fôlego internacional:

1. implantação, em todos os territórios, de um sistema homogêneo de sinais viários;
2. trânsito seguro como um direito humano institucionalmente estabelecido.

Concordamos com Honorato: uma das formas de transformarmos o cenário da segurança mundial no trânsito é por meio de uma articulação política oriunda das OIs na perspectiva dos direitos humanos.

O Trânsito Seguro, reconhecido como garantia fundamental implícita na Constituição da República Federativa do Brasil (junto aos art. 5º, inc. XV, 6º e 144, *caput*), recebe força da norma internacional (art. III, da Declaração Universal de Direitos do Homem) e poderá ser exigido do Estado brasileiro como dever legal, sob pena de a violação ser analisada pela Comissão de Direitos Humanos (da ONU), sujeitando o Estado a sanções internacionais. (Honorato, 2011, p. 35)

No entanto, entre os documentos que norteiam a vida em sociedade, o trânsito constitucionalmente é considerado sinônimo de *liberdade*. Assim, temos de pensar sobre o comportamento dos indivíduos em face das leis. É dessa relação que nasce o imbróglio do direito à livre circulação. Mas qual é o limite para o trânsito de pessoas, veículos e animais?

> A distância geográfica entre esses dois conceitos (*i.e.*, Liberdade de Circulação e Segurança Pública) tem dificultado a compreensão do *Trânsito Seguro* como um direito fundamental, permitindo que "as movimentações individuais [sigam] sempre e previsivelmente na direção de ignorar ou ultrapassar a regra em nome de algumas singularidades, contexto ou circunstância pessoal" e conferindo às vias terrestres uma imagem de "terra de ninguém". Exige-se do Estado, portanto, que o trânsito em território nacional seja realizado em condições seguras. (Honorato, 2011, p. 10)

Como o trânsito não é somente um direito, mas também um dever, o Código de Trânsito Brasileiro (CTB), em seu art. 1º, parágrafo 2º (Brasil, 1997), esclarece que **o trânsito é um dever do Estado, direito e responsabilidade de todos**. Honorato (2011) reflete sobre o papel do Código de Trânsito, pois o legislador, quando redigiu o parágrafo citado, misturou conceitos individualistas com o direito e desperdiçou a oportunidade de elaborar uma legislação que criasse um compromisso de todos com a responsabilidade no compartilhamento do espaço público. Há diferença entre o verbo *utilizar* e a expressão *tornar útil*, ligando o coletivo ao espaço urbano, e não o conceito individual. Assim, mudança de postura significa compromisso com um ideal de trânsito seguro.

Estamos diante, portanto, de uma fronteira controversa, mas também muito interessante, entre deveres, responsabilidades e direitos. Essa discussão está presente no direito, na ciência política, na antropologia e, por isso, é matéria complexa presente nas OIs.

> **Para saber mais**
>
> Democracia vertical ou horizontal?
>
> Conheça um pouco da discussão complexa da teoria da democracia no texto de Jorge Blascoviscki Vieira. O autor faz um balanço da literatura que discute o que é democracia horizontal e vertical e como isso se aplica ao caso brasileiro.
>
> VIEIRA, J. B. Estado, sociedade civil e accountability. **Ensaios FEE**, Porto Alegre, v. 26, n. 1, p. 605-626, jun. 2005. Disponível em: <http://revistas.fee.tche.br/index.php/ensaios/article/viewFile/2095/2477>. Acesso em: 24 ago. 2015.

Segundo a OMS, os acidentes de trânsito são a décima maior causa de morte no mundo, matando quase 1,5 milhão de pessoas por ano e deixando sequelas em 50 milhões de pessoas (Czerwonka, 2015). A média mundial de mortes é de 13,1 por 100 mil habitantes. Os dados da América Latina são alarmantes, apresentam praticamente o dobro da média mundial: 26,1 mortes por 100 mil habitantes. No Brasil, ocorrem 24 mortes por 100 mil habitantes; em contraponto, no Canadá, no Japão e na Suécia, as estatísticas ficam entre 5 e 8 mortes por 100 mil. No caso brasileiro, os números elevados apresentam uma forte relação entre bebida alcoólica e direção. Como exemplo, Honorato revela que,

> No Brasil, estudo recente mostrou que 38% dos condutores dirigiam, naquele momento, sob efeito do álcool, sendo que 18% com valores de alcoolemia inferiores ao estabelecido por lei. Um dado alarmante é que 22,9% dos condutores acreditavam que a bebida não influenciava negativamente sua capacidade de dirigir, sobretudo se

adotam medidas tidas como protetoras, como tomar café e dirigir com mais cautela. (Abramet, 2008, p. 384)

Para especialistas na área do trânsito, essa discussão é antiga, mas persistente, e sempre que falamos em trânsito também nos referimos a cultura e comportamento. Estudos comprovam que o risco de um condutor alcoolizado com uma dosagem entre 0,5 g/L e 0,7 g/L provocar um acidente fatal sobe para quatro a dez vezes em comparação com um condutor sóbrio. O CTB (Brasil, 1997) estabelece que existe crime quando o condutor apresenta dosagem igual ou superior a 0,6 g/L de álcool no sangue (alcoolemia). Em termos práticos, isso ocorre a partir do consumo de uma lata de cerveja, uma taça de vinho ou meio copo de uísque.

Para saber mais

Conheça mais sobre o comportamento dos países no tratamento dos dados de trânsito:

CZERWONKA, M. Novo cálculo estima risco no trânsito com mais precisão. **Portal do Trânsito**, 17 fev. 2011. Disponível em: <http://portaldotransito.com.br/noticias/estatisticas/novo-calculo-estima-risco-no-transito-com-mais-precisao>. Acesso em: 24 ago. 2015.

Podemos perceber que a questão do trânsito é multidisciplinar e controversa. Como exemplos dessa controvérsia, podemos citar: as posições divergentes em relação à restrição de bebida alcoólica; maior fiscalização ou ausência dela por parte dos órgãos competentes; a questão dos radares, se consistem em arrecadação ou em conscientização; o comportamento desafiador dos jovens; o uso frequente e crescente dos celulares por condutores e pedestres nas cidades; o impacto das vítimas no sistema de saúde e na economia do Brasil; o fato de nos últimos anos presenciarmos uma grande aposta do governo federal no transporte individual, e não no coletivo; a grande mobilidade e a agilidade trazidas pelas motocicletas, em confronto com muitas colisões traduzidas em traumas e mortes. Um grande desafio, inclusive em âmbito internacional, é: De que forma passar a mensagem do comportamento desejado no trânsito? Via mídia de impacto ou educativa? De maneira emocional ou racional?

Todos esses pontos são aspectos desafiadores considerados pelas OIs, especialmente pela ONU e pela OMS. No Brasil, veremos como diversos setores têm se debruçado sobre a causa do trânsito. Governos estaduais e municipais e o governo federal, por meio do Poder Executivo, procuram criar políticas públicas direcionadas ao trânsito. A produção legislativa federal também é intensa, e o Judiciário tem sua parcela de responsabilidade, pois, em geral, esses conflitos de trânsito chegam à justiça e precisam ser sentenciados. Isso sem mencionar as organizações da sociedade civil, tanto nacionais como internacionais, que têm a questão do trânsito como causa e desenvolvem atividades paralelas e em parceria com o Estado.

6.3 *Políticas públicas para o trânsito no Brasil*

Para Giancarlo Bacchieri e Aluísio Barros (2011), mesmo com novas leis, políticas municipais, maior segurança dos veículos e fiscalização mais intensa, ainda não foi controlado o grande número de eventos de trânsito (acidentes de trânsito) que matam ou deixam sequelas. Para nos determos no caso brasileiro, apresentamos na Tabela 6.1 os dados oficiais sobre mortes no trânsito.

Tabela 6.1 – Evolução das mortes no trânsito brasileiro

Ano	Mortes
1980	19.927
1991	27.986
1996	35.281
1997	35.620
1998	30.890
1999	29.569
2000	28.995
2001	30.524
2002	32.753
2003	33.138
2004	35.105
2005	35.994
2006	36.367
2007	37.407
2008	38.273
2009	37.594
2010	42.844
2011	43.256
2012	44.812
2013	40.451

Fonte: Por Vias Seguras, 2015.

É possível perceber que os números sofrem oscilações e claramente há uma queda entre os anos de 2012 e 2013. Entre os fatores que explicam essa queda está, por exemplo, a imprensa, que na época divulgou de forma muito intensa o impacto da Lei Seca e, com tal lei, o aumento de fiscalização por parte do Estado.

> **Para saber mais**
>
> Uma recomendação muito importante para compreender as estatísticas sobre morte no trânsito no Brasil é o *site* Por Vias Seguras, da Associação Brasileira de Prevenção aos Acidentes de Trânsito. Nele, há inúmeros artigos que mostram a contradição dessas estatísticas e os dados do Datasus e da Seguradora Líder (responsáveis por pagar o seguro para os acidentados). Confira:
>
> POR VIAS SEGURAS. **Estatísticas nacionais de acidentes de trânsito.** 8 jun. 2015. Disponível em: <http://www.vias-seguras.com/os_acidentes/estatisticas/estatisticas_nacionais>. Acesso em: 24 ago. 2015.
>
> Para observar os dados em forma de gráficos e demais projeções, confira o *site* Mortes no Trânsito, do Instituto Avante Brasil, e entenda o papel da legislação e seu impacto nos índices.
>
> SANZOVO, N. M. **Mortes no trânsito**: análise nacional e internacional. 19 dez. 2012. Disponível em: <http://www.mobilize.org.br/midias/pesquisas/mortes-no-transito-instituto-avante-brasil.pdf>. Acesso em: 24 ago. 2015.
>
> Leia também a matéria indicada a seguir, que faz um comparativo entre mortes no trânsito brasileiro e em outros países.
>
> MONTEIRO, A. Número de mortes no trânsito tem maior queda no Brasil desde 1998. **Folha de S. Paulo**, 10 nov. 2014. Disponível em: <http://www1.folha.uol.com.br/cotidiano/2014/11/1545760-numero-de-mortes-no-transito-tem-maior-queda-no-brasil-desde-1998.shtml>. Acesso em: 24 ago. 2015.

Observe, no quadro a seguir, as tendências mundiais para controlar os acidentes de trânsito.

Quadro 6.2 – Tendências para controlar acidentes de trânsito

1	Leis de trânsito severas
2	Alcoolemia zero (proibição de qualquer dosagem de álcool)
3	Fiscalização severa
4	Suspensão da carteira de condutor
5	Punibilidade perceptível pela sociedade
6	Campanhas de publicidade
7	Educação pública
8	Melhor conservação das estradas
9	Estradas melhores
10	Aperfeiçoamento da tecnologia (cintos de segurança multipontos, *airbag*, materiais da carroceria que absorvam de forma mais eficiente o impacto)
11	Equipes hospitalares com treinamento adequado para receber vítimas de trânsito

Temos, obviamente, o norte na condução das políticas públicas dado pelas OIs, bem como a replicação de experiências bem-sucedidas, além das malsucedidas; mas fica evidente que o trânsito é um fenômeno que precisa do olhar de inúmeras áreas do conhecimento e também do comprometimento dos cidadãos.

6.4 *Considerações finais: Brasil, organizações internacionais e trânsito*

Utilizando uma linguagem militar, podemos dizer que, neste capítulo, "demos um rasante" sobre os dados do trânsito no Brasil e algumas estatísticas internacionais. O importante é que os números apresentados caracterizam um surto de acidentes com traumas e mortes, uma vez que os dados são compatíveis com grandes conflitos armados espalhados pelo mundo.

Assim, as OIs têm dispensado grande atenção para essa temática, já que muitos dos chamados *acidentes* poderiam ser evitados. O tratamento desse tema merece o *status* internacional, pois é necessário esforço mundial para que medidas de grande impacto sejam tomadas. Para isso, também fica claro que os esforços precisam ser enviados de vários setores sociais e políticos. É um tema urgente nos municípios, nos estados e em termos federais, que merece atenção conjunta do Legislativo e do Executivo nos três níveis da Federação. Além disso, obviamente, as diretrizes oriundas das OIs, como a OMS e a ONU, são fundamentais para que os dados de vítimas no trânsito sejam mundialmente modificados.

Estudo de caso

O trânsito é capaz de transformar a curva da população economicamente ativa de um país. A ONU, em Assembleia Geral, convidou os Estados-membros a aplicar as recomendações do *Informe mundial sobre prevenção de traumatismos causados pelo trânsito*, incluindo os cinco fatores principais de mortes e sequelas no trânsito, apontados em documento internacional, a saber:

1. não utilização dos cintos de segurança e de dispositivos protetores para as crianças;
2. não utilização de capacetes de segurança;
3. condução alcoolizada;
4. velocidade inadequada e excessiva;
5. falta de infraestrutura adequada.

Ao identificar esses riscos em diversos países, a ONU está procurando implantar uma política pública internacional de prevenção. Entretanto, para isso, precisa de adesão, a qual é conquistada por meio de acordos e da definição de metas, como a década viária. Assim, a ONU definiu a década de 2011-2020 como a Década de Ações para a Segurança Viária, tendo como objetivo estabilizar os números e, posteriormente, reduzir as vítimas mortais de acidentes de trânsito, aumentando, assim, as atividades de prevenção nacional, regional e mundial. Uma das formas de o governo brasileiro atingir as metas determinadas pela ONU foi por meio do Projeto Vida no Trânsito. Do ponto de vista prático, a inclusão dessas medidas pode ser traduzida da seguinte forma:

    a. aumento dos valores das multas para infrações sobre "racha" e ultrapassagens perigosas;
    b. implantação da ADI 4.103/2008, que diz respeito à desmontagem de veículos inutilizados;
    c. segurança viária entendida como componente da segurança pública;
    d. infração por velocidade média;
    e. criminalização da embriaguez ao volante;
    f. implantação da Política Nacional de Trânsito e do Programa Nacional de Trânsito.

Esses exemplos demonstram o impacto direto de medidas de OIs sobre a política doméstica do Brasil em relação ao trânsito, reforçando que o trânsito é uma política pública altamente determinada por uma agenda internacional que impacta diretamente a vida de milhares de brasileiros.

Síntese

Vimos, neste capítulo, que as decisões das OIs – neste caso específico, a ONU e a OMS – e os grandes pactos vinculados a direitos humanos, especialmente a Declaração Universal dos Direitos do Homem, são largamente utilizados para tratar o tema do trânsito, ainda que esses documentos não o citem objetivamente. Além disso, grandes conferências e encontros mundiais foram organizados para normatizar um trânsito seguro, e muitos outros estão programados para atingir os objetivos apresentados.

Analisamos seis fatores preponderantes na causa de traumatismos e mortes no trânsito. Assim, havendo coincidência nesses padrões, é importante a criação de diretrizes mundiais para evitar vítimas no trânsito. Há duas questões centrais para a ONU: estabilizar o número de mortes e reduzir o número de vítimas. Trata-se de metas objetivas, e os países são constantemente provocados a responder a essas demandas. Nesse sentido, há duas questões centrais, amplamente debatidas pelas literaturas nacional e internacional: a criação de um sistema homogêneo de sinais viários e o estabelecimento do trânsito seguro como um direito humano.

O Brasil é o país que supera as estatísticas mundiais de mortes no trânsito: 20 mortes por 100 mil habitantes. Na América Latina, o número é ainda mais alto: 26 mortes por 100 mil habitantes. Em todo o mundo, anualmente, ocorre quase 1,5 milhão de mortes e 50 milhões de vítimas não fatais, números que podem ser comparados aos de uma epidemia. Entretanto, em países como Canadá, Japão e Suécia, as taxas ficam entre 5 e 8 mortes por 100 mil habitantes. Outro aspecto destacado neste capítulo foi o quanto a ingestão de álcool aumenta em quatro a dez vezes o risco de acidentes fatais, em comparação com as chances de uma pessoa sóbria.

Apresentamos quadros com a evolução das mortes no trânsito brasileiro e com as tendências mundiais para controlar os acidentes de trânsito. Deixamos aqui o desafio para aqueles que estudam o assunto e querem transformar o mundo, bem como as informações e o sonho da mudança, salvaguardando o papel das OIs na resolução desse problema tão complexo.

Exercício resolvido

1. Assinale a alternativa **incorreta**:
    a. Uma das formas de controlar e evitar acidentes é a aprovação de leis mais severas, bem como uma fiscalização

rígida, para que uma possível sensação de impunidade não estimule comportamentos de risco.

b. A questão da alcoolemia zero tem sofrido derrotas na Europa e, assim, não vem sendo considerada um fator preponderante como modelo de coibição ou política pública de trânsito, especialmente conforme orientação das organizações internacionais (OIs).

c. Uma das questões discutidas atualmente no Brasil são as infrações com menor potencial ofensivo, as quais devem ter como consequência a suspensão da carteira de condutor.

d. Um fator que gera consciência, ou ao menos reflexão, são as campanhas de publicidade que mostram os comportamentos desejáveis e indesejáveis, bem como punições em caso de descumprimento.

e. Além das campanhas de publicidade, é crucial que o trânsito seja discutido na educação pública, criando-se, por meio da escola, cidadãos mais comprometidos com a responsabilidade no trânsito e com um sentimento de coletividade.

Resposta: b.

Na verdade, trata-se do oposto do que é afirmado na proposição. A alcoolemia zero já é uma realidade nos países europeus que apresentam índices mais controlados de mortes no trânsito. Essa questão tem sido cada vez mais difundida no mundo; logo, é considerada um fator preponderante como modelo de coibição, sendo uma política pública de trânsito.

Questões para revisão

1. Em relação à criação de políticas públicas para o trânsito seguro, qual é o papel das organizações internacionais (OIs) na construção de uma política internacional que possa atingir a todos os países? Assinale a alternativa correta:

    a. O foco dos documentos internacionais e o papel da Organização das Nações Unidas (ONU) consistem em manter políticas de prevenção por meio de orientações exclusivamente em cartilhas, mas o objetivo principal é criar campanhas internacionais de conscientização.

    b. As OIs não têm poder para propor políticas, especialmente a ONU e a Organização Mundial da Saúde (OMS), pois poderiam acabar interferindo na soberania de um país.

    c. Uma das alternativas é que os próprios países desenhem, de forma autônoma, suas políticas públicas, mas vislumbrando as políticas de outros países e, também, buscando aprimorar políticas para um trânsito seguro, cada um atento a sua realidade social, pois o papel das OIs é incipiente em relação a políticas de trânsito.

    d. Duas questões nortearam a criação da Década de Ações para a Segurança Viária: a busca da estabilização dos índices de vítimas fatais no trânsito e a redução do número de vítimas fatais.

    e. A ONU criou a Década de Ações para a Segurança Viária 2011-2020 e impôs medidas urgentes para os países, mesmo para os não signatários. Essa ação é exemplo de uma política que pode ser replicada por todos os países.

2. Avalie as proposições a seguir e marque (V) para verdadeiras e (F) para as falsas:

( ) Os principais fatores de risco no trânsito são: velocidade inadequada/excessiva; embriaguez ao volante; não uso do cinto de segurança; ausência de um sistema seguro para as crianças; falta de capacete de segurança.

( ) O direito à vida é algo inalienável, assim como a incolumidade física; como consequência dessas assertivas, o trânsito seguro deve ser uma garantia.

( ) Considerando que há mais de 200 documentos que tratam de direitos humanos, autores apontam que o trânsito não precisa ser estabelecido como um direito humano institucional.

( ) Um dos grandes esforços internacionais é para que ocorra a implantação de um sistema homogêneo de sinais viários em todos os territórios.

( ) Sem a presença das OIs, é praticamente impossível a criação de uma articulação política mundial em torno do trânsito, especialmente com a incrementação da perspectiva dos direitos humanos quando se discute o trânsito.

Assinale a alternativa correta:

a. V, V, F, V, V.
b. F, V, F, V. V.
c. V, V, F, F, V.
d. F, F, F, V, V.
e. V, V, F, V, F.

3. Julgue as proposições a seguir e assinale a opção correta no que diz respeito à circulação das pessoas, ou seja, os limites para o trânsito de pessoas, veículos e animais:
   a. Certamente, o legislador, no caso brasileiro, estabeleceu a circulação como uma questão de liberdade, regrada pelos próprios cidadãos, estabelecendo direitos e deveres.
   b. O trânsito é um dever das OIs, e não do Estado, mas também é direito e responsabilidade de todos.
   c. Podemos, em termos legais, exigir das OIs que implementem políticas públicas de trânsito, mesmo que o país em questão não tenha assinado os termos de convênio ou que não seja um Estado-membro.
   d. O trânsito pode e deve ser entendido como um direito de todos os cidadãos, já que um trânsito seguro é uma obrigação do Estado, de acordo com o Código de Trânsito e com determinados aspectos da Carta Constitucional de 1988.
   e. A construção de uma convivência harmoniosa no trânsito depende tanto de posicionamentos da sociedade, por meio de comportamentos responsáveis, como do Estado, ao trabalhar em políticas que estimulem o trânsito seguro.

4. No tocante ao número de mortes, o Brasil tem destaque negativo em relação ao álcool. Apresente assertivas sobre esses dados no Brasil e no mundo.

5. Avalie e descreva o impacto das OIs nas políticas de trânsito no Brasil e no mundo. Em seu ponto de vista, as organizações têm legitimidade para a proposição de políticas públicas? Fundamente sua resposta.

Questão para reflexão

1. Que estratégias poderiam ser adotadas pelas OIs e pelos Estados para a criação de uma cultura do trânsito seguro? Que papel os direitos humanos desempenham nessa discussão sobre políticas públicas do trânsito seguro?

Para concluir...

Neste livro, apresentamos de forma breve, porém intensa, os principais traços que constituem um dos aspectos fundamentais de que tratam as relações internacionais na condição de campo de conhecimento: as organizações internacionais (OIs). Conceituamos, exemplificamos e debatemos teoricamente, além do papel histórico, o papel dessas estruturas complexas que apresentam inúmeras incumbências, tanto em termos teóricos como práticos. Ao apresentarmos sua história e seu funcionamento, conseguimos também revelar seus limites e seus desafios.

Tivemos a oportunidade de categorizar essas organizações, identificando seus traços constitutivos e seus aspectos relacionais, como seu dia a dia, a maneira como entram ou saem os membros dessas organizações, seus formatos, sua aplicação, seus interesses, seu nascimento e seu desenvolvimento. Sob a perspectiva jurídica, analisamos os aspectos legais que impulsionam e que, por vezes, travam o funcionamento das OIs.

Cabe ressaltar que entre os objetivos primordiais das OIs estão manter a paz, garantir a segurança coletiva, criar políticas internacionais que visem à garantia da vida e prezar pela difusão dos direitos humanos, bem como pelo desenvolvimento econômico e social. Essas tarefas são tão importantes que adotamos duas políticas sociais – educação e trânsito – para demonstrar efetivamente como as orientações das OIs influenciam no desenho das políticas públicas domésticas. Na educação, no Brasil, tivemos grandes transformações a partir da influência do Banco Mundial. Isso também ocorreu no trânsito, ficando muito clara a adoção de políticas públicas a partir de grandes programas desenhados pela Organização das Nações Unidas (ONU), que refletem na escolha de caminhos para a melhoria e o aperfeiçoamento do trânsito no Brasil.

Nesse sentido, as OIs acabam atendendo àquelas demandas e aos interesses que os Estados-Nações não conseguem alcançar, uma vez que apresentam atuação para além do Estado. Nessa linha, vimos que, para representar essa diversidade de interesses, as OIs precisam ser abrangentes e ter finalidades definidas, devem funcionar a partir da adesão dos Estados, bem como têm funções muito específicas e caráter supranacional, definindo grandes linhas de atuação que impactam diretamente a vida dos cidadãos presentes no Estado-Nação.

Ao observamos esses aspectos, não pudemos abrir mão de apresentar o perfil dos agentes e dos funcionários internacionais, o papel das imunidades, especialmente na complexa relação entre países com interesses quase sempre divergentes e olhares dissonantes sobre os mesmos temas. Uma das discussões mais interessantes e provocativas, calcadas na ciência política, refere-se às relações de poder que perpassam essas organizações: o processo decisório, o sistema de votação e os regulamentos que balizam essa seara conflituosa. Demonstrando o papel dos atores políticos presentes nas OIs, pudemos apontar também por que algumas organizações têm poder e outras não, isto é, como se apresentam no cenário internacional e quais são as consequências dessa postura, bem como parte da estrutura formal e o alto grau de qualificação dos funcionários que trabalham nessas organizações. Tudo isso contribui para a qualidade e o alcance das políticas oriundas das OIs.

A discussão é complexa, por isso precisamos de um arsenal técnico-jurídico e de conhecimentos teóricos a respeito de relações de poder do Estado, dos limites das organizações, bem como sobre essa relação com o Estado-Nação, como cultura e idioma.

Este foi o nosso trabalho: apresentar essa complexidade e desafiar novos olhares e novas abordagens sobre as relações internacionais para encarar o fascinante mundo das OIs.

Lista de siglas

AG	Assembleia Geral
AID	Associação Internacional de Desenvolvimento
Aiea	Agência Internacional de Energia Atômica
Aladi	Associação Latino-Americana de Integração
Alalc	Associação Latino-Americana de Livre Comércio
Apec	Asia-Pacific Economic Cooperation (Cooperação Econômica Ásia-Pacífico)
Asean	Association of Southeast Asian Nations (Associação das Nações do Sudeste Asiático)
Berd	Banco Europeu para Reconstrução e Desenvolvimento
Bird	Banco Internacional para Reconstrução e Desenvolvimento
BM	Banco Mundial
CdE	Conselho da Europa
CE	Comunidade Europeia
Ceca	Comunidade Europeia do Carvão e do Aço
CEDH	Corte Europeia dos Direitos do Homem
CEE	Comunidade Econômica Europeia
Cefet	Centro Federal de Educação Tecnológica
Cepal	Comissão Econômica para a América Latina e o Caribe

Cern	Organização Europeia para a Pesquisa Nuclear
CEu	Conselho Europeu
Ciadi	Centro Internacional para a Arbitragem de Disputas sobre Investimentos
CICV	Comitê Internacional da Cruz Vermelha
CIDH	Comissão Interamericana de Direitos Humanos
CIJ	Corte Internacional de Justiça
Comecon	Council for Mutual Economic Assistance (Conselho para Assistência Econômica Mútua)
CPA	Corte Permanente de Arbitragem
CS	Conselho de Segurança
CSLL	Contribuição Social sobre o Lucro Líquido
CSNU	Conselho de Segurança das Nações Unidas
CT	Conselho Tutelar
DPI	Departamento de Informação Pública
Ebserh	Empresa Brasileira de Serviços Hospitalares
Ecosoc	Economic and Social Council (Conselho Econômico e Social das Nações Unidas)
Ecowas	Economic Community of West African States (Comunidade Econômica dos Estados da África Ocidental)
Efta	European Free Trade Association (Associação Europeia de Livre Comércio)
ESA	European Space Agency (Agência Espacial Europeia)
FAO	Food and Agriculture Organization of the United Nations (Organização das Nações Unidas para Alimentação e Agricultura)
FMCU	Federação Mundial das Cidades Unidas
FMI	Fundo Monetário Internacional
Gatt	General Agreement on Tariff and Trades (Acordo Geral de Tarifas e Comércio)
GBM	Grupo Banco Mundial

Iasc	International Accounting Standards Committee (Comitê de Normas Internacionais de Contabilidade)
Icao	International Civil Aviation Organization (Organização da Aviação Civil Internacional)
IES	Instituição de ensino superior
Ifes	Institutos Federais de Ensino Superior
Inep	Instituto Nacional de Estudos e Pesquisas Educacionais Anísio Teixeira
ISO	International Organization for Standardization (Organização Internacional para Padronização)
Kominform	Informacionnoe Bjuro Kommunističeskich i Rabočich Partij (Escritório de Informação dos Partidos Comunistas e Operários)
MCCA	Mercado Comum Centro-Americano
MEC	Ministério da Educação
Mercosul	Mercado Comum do Sul
Miga	Agência Multilateral de Garantia de Investimentos
Nafta	North American Free Trade Agreement (Acordo de Livre Comércio da América do Norte)
OCDE	Organisation de Coopération et de Développement Économiques (Organização para a Cooperação e o Desenvolvimento Econômico)
OEA	Organização dos Estados Americanos
Oece	Organização Europeia para a Cooperação Econômica
OI	Organização internacional
OIT	Organização Internacional do Trabalho
OMC	Organização Mundial do Comércio
OMCI	Organização Marítima Consultiva Intergovernamental
OMI	Organização Marítima Internacional
OMM	Organização Meteorológica Mundial

OMPI	Organização Mundial da Propriedade Intelectual
OMS	Organização Mundial da Saúde
ONG	Organização não governamental
ONU	Organização das Nações Unidas
ONU-Habitat	Programa das Nações Unidas para os Assentamentos Humanos
Opep	Organização dos Países Exportadores de Petróleo
Otan	Organização do Tratado do Atlântico Norte
OTCA	Organização do Tratado de Cooperação Amazônica
Otif	Oficina Central de Transporte Internacional por Ferrocarril (Oficina Central de Transportes Internacionais Ferroviários)
OUA	Organização da Unidade Africana
Pnaes	Programa Nacional de Assistência Estudantil
Pnud	Programa das Nações Unidas para o Desenvolvimento
PPP	Parceria público-privada
Preal	Programa de Promoção da Reforma Educacional na América Latina
Promedlac	Projeto Principal de Educação da América Latina e do Caribe
ProUni	Programa Universidade para Todos
Reuni	Programa de Apoio a Planos de Reestruturação e Expansão das Universidades Federais
SADC	Southern African Development Community (Comunidade para o Desenvolvimento da África Austral)
SFI	Sociedade Financeira Internacional
Sinaes	Sistema Nacional de Avaliação da Educação Superior
Tanu	Tribunal Administrativo das Nações Unidas

Taoea	Tribunal Administrativo da Organização dos Estados Americanos
TEL	Tribunal Especial para o Líbano
Tieu	Tribunal Irã-Estados Unidos
TJUE	Tribunal de Justiça da União Europeia
TPI	Tribunal Penal Internacional
TPII	Tribunal Penal Internacional para a ex-Iugoslávia
Tpir	Tribunal Penal Internacional para o Ruanda
UAB	Universidade Aberta do Brasil
UAI	União das Associações Internacionais
UCLG	United Cities and Local Government (Cidades e Governos Locais Unidos – CGLU)
UE	União Europeia
UEO	União da Europa Ocidental
Uial	União Internacional das Autoridades Locais
UIT	União Internacional de Telecomunicações
Uncitral	United Nations Commission on International Trade Law (Comissão das Nações Unidas para o Direito Comercial Internacional)
Unctad	Conferência das Nações Unidas sobre Comércio e Desenvolvimento
Unesco	United Nations Education, Scientific and Cultural Organization (Organização das Nações Unidas para a Educação, a Ciência e a Cultura)
UNFPA	Fundo de População das Nações Unidas
Unicef	United Nations Children's Fund (Fundo das Nações Unidas para a Infância)
Unido	United Nations Industrial Development Organization (Organização das Nações Unidas para o Desenvolvimento Industrial)
UPU	União Postal Universal
URSS	União das Repúblicas Socialistas Soviéticas

Referências

ABNT – Associação Brasileira de Normas Técnicas. **NBR 10697**: Pesquisa de acidentes de trânsito – Terminologia. Rio de Janeiro, 1989.

AFFONSO, N. S. Segurança viária no marco da década de ações da ONU: 2011--2020. In: REUNIÃO DO FÓRUM NACIONAL DE SECRETÁRIOS E DIRIGENTES PÚBLICOS DE TRANSPORTE URBANO E TRÂNSITO, 84., 2014. Manaus: ANTP, 2014.

AGNU – Assembleia Geral das Nações Unidas. **Resolução 64/255**. [S.l.], 10 maio 2010. Disponível em: <http://www.un.org/en/ga/search/view_doc.asp?symbol=A/RES/64/255>. Acesso em: 28 out. 2015.

AKEHURST, M. **Introdução ao direito internacional**. Coimbra: Almedina, 1985.

ANTP – Associação Nacional de Transportes Públicos; CEDATT – Conselho Estadual para Diminuição dos Acidentes de Trânsito e Transportes; IE – Instituto de Engenharia. **Década de Ação pela Segurança no Trânsito 2011--2020**: Resolução ONU n. 2, de 2009. Proposta para o Brasil para Redução de Acidentes e Segurança Viária. São Paulo, 6 maio 2011. Disponível em: <http://www.denatran.gov.br/download/decada/Proposta%20ANTP-CEDATT-Instituto%20de%20Engenharia%20SP.pdf>. Acesso em: 28 out. 2015.

ARON, R.; MERLE, M.; JAGUARIBE, H. **Curso de introdução às relações internacionais**. 2. ed. Brasília: Ed. da UnB, 1983.

ABRAMET – Associacao Brasileira de Medicina de Tráfego. Alcoolemia e direção veicular segura. **Revista da Associação Médica Brasileira**, São Paulo, v. 54, n. 5, p. 383-385, set./out. 2008. Disponível em: <http://www.scielo.br/pdf/ramb/v54n5/a06v54n5.pdf>. Acesso em: 24 ago. 2015.

BACCHIERI, G.; BARROS, A. J. D. Acidentes de trânsito no Brasil de 1998 a 2010: muitas mudanças e poucos resultados. **Revista de Saúde Pública**, São Paulo, v. 45, n. 5, p. 949-963, out. 2011. Disponível em: <http://www.scielo.br/pdf/rsp/v45n5/2981.pdf>. Acesso em: 24 ago. 2015.

BAILLIET, C. M. (Ed.). **Non-state Actors, Soft Law and Protective Regimes**: from the Margins. Cambridge: Cambridge University Press, 2012.

BANCO MUNDIAL. **Construir sociedades de conocimiento**: nuevos desafíos para la educación terciaria. Washington, 2002. Disponível em: <http://site resources.worldbank.org/TERTIARYEDUCATION/Resources/Documents/Constructing-Knowledge-Societies/CKS-spanish.pdf>. Acesso em: 28 out. 2015.

_____. **La enseñanza superior**: las lecciones derivadas de la experiencia. Washington, 1994. Disponível em: <http://www-wds.worldbank.org/external/default/WDSContentServer/WDSP/IB/2005/06/14/000090341_20050614161209/Rendered/PDF/133500PAPER0Sp1rior0Box2150A1995001.pdf>. Acesso em: 24 ago. 2015.

BARBOSA, R. K. **O papel das organizações internacionais na aquiescência**: um estudo de caso sobre o alargamento europeu. 112 f. Dissertação (Mestrado em Relações Internacionais) – Pontifícia Universidade Católica do Rio de Janeiro, Rio de Janeiro, 2006. Disponível em: <http://www.maxwell.vrac.puc-rio.br/Busca_etds.php?strSecao=resultado&nrSeq=9124@1>. Acesso em: 24 ago. 2015.

BARNETT, M. N.; FINNEMORE, M. The Politics, Power and Pathologies of International Organizations. **International Organization**, v. 4, n. 53, p. 699--732, 1999. Disponível em: <http://home.gwu.edu/~finnemor/articles/1999_ios_io.pdf>. Acesso em: 24 ago. 2015.

BOUTROS-GHALI, B. **Consolidacion de la paz y el desarrollo** (1994): memoria sobre la labor de la Organizacion entre los periodos de sesiones cuadragesimo octavo y cuadragesimonoveno de la Asamblea General. Nueva York: Naciones Unidas, 1994.

BRASIL. Decreto Legislativo n. 259, de 15 de dezembro de 2000. **Diário Oficial da União**, Poder Legislativo, Brasília, DF, 18 dez. 2000. Disponível em: <http://www.camara.gov.br/mercosul/Protocolos/decretolegis259_00.htm>. Acesso em: 27 out. 2015

BRASIL. Decreto n. 6.425, de 4 de abril de 2008. **Diário Oficial da União**, Poder Executivo, Brasília, DF, 7 abr. 2008. Disponível em: <http://www.planalto.gov.br/ccivil_03/_ato2007-2010/2008/Decreto/D6425.htm>. Acesso em: 26 abr. 2015.

_____. Decreto n. 7.030, de 14 de dezembro de 2009. **Diário Oficial da União**, Poder Executivo, Brasília, DF, 15 dez. 2009. Disponível em: <http://www.planalto.gov.br/ccivil_03/_ato2007-2010/2009/decreto/d7030.htm>. Acesso em: 27 out. 2015.

_____. Decreto n. 19.841, de 22 de outubro de 1945. **Diário Oficial da União**, Poder Executivo, Brasília, DF, 31 dez. 1945. Disponível em: <http://www.planalto.gov.br/ccivil_03/decreto/1930-1949/d19841.htm>. Acesso em: 27 out. 2015.

BRASIL. Lei n. 9.503, de 23 de setembro de 1997. **Diário Oficial da União**, Poder Legislativo, Brasília, DF, 24 set. 1997. Disponível em: <http://www.planalto.gov.br/ccivil_03/LEIS/L9503.htm>. Acesso em: 28 out. 2015.

_____. Ministério da Educação. Instituto Nacional de Estudos e Pesquisas Educacionais Anísio Teixeira. Diretoria de Estatísticas Educacionais. **Censo da educação superior 2012**: resumo técnico. Brasília, 2014. Disponível em: <http://download.inep.gov.br/download/superior/censo/2012/resumo_tecnico_censo_educacao_superior_2012.pdf>. Acesso em: 24 ago. 2015.

CAMPOS, J. M. **Organizações internacionais**. Lisboa: Fundação Calouste Gulbenkian, 2006.

CELLI JUNIOR, U. Teoria geral da integração: em busca de um modelo alternativo. In: MERCADANTE, A. de A.; CELLI JUNIOR, U.; ARAÚJO, L. R. de. (Coord.). **Blocos econômicos e integração na América Latina, África e Ásia**. Curitiba: Juruá, 2008. p. 19-37.

CEPAL – Comisión Económica para América Latina. Oficina Regional de Educación de la Unesco para América Latina y El Caribe. **Educación y conocimiento**: eje de la transformación productiva con equidad. Santiago de Chile: Naciones Unidas, 1992. Disponível em: <http://unesdoc.unesco.org/images/0015/001502/150253so.pdf>. Acesso em: 28 out. 2015.

CIJ – Corte Internacional de Justiça. **Estatuto da Corte Internacional de Justiça**. 24 out. 1945. Disponível em <http://www.direitoshumanos.usp.br/index.php/Corte-Internacional-de-Justi%C3%A7a/estatuto-da-corte-internacional-de-justica.html>. Acesso em: 15 ago. 2015.

COHEN, J. L. Sociedade civil e globalização: repensando categorias. Tradução de Vera Pereira. **Dados – Revista de Ciências Sociais**, Rio de Janeiro, v. 46, n. 3, p. 419-159, 2003. Disponível em: <http://www.scielo.br/scielo.php?script=sci_arttext&pid=S0011-52582003000300001>. Acesso em: 27 out. 2015.

COMISSÃO SOBRE GOVERNANÇA GLOBAL. **Nossa comunidade global**: o relatório da Comissão sobre Governança Global. Tradução de Luiz Alberto Monjardim e Maria Lucia Leão Velloso de Magalhães. Rio de Janeiro: Ed. da FGV, 1996.

CONVENÇÃO de Viena sobre o Direito dos Tratados entre Estados e Organizações Internacionais ou entre Organizações Internacionais. Viena, 21 mar. 1986. Disponível em: <http://www.cedin.com.br/wp-content/uploads/2014/05/Conven%C3%A7%C3%A3o-de-Viena-sobre-o-Direito-dos-Tratados-entre-Estados-e-Organiza%C3%A7%C3%B5es-Internacionais-ou-entre-Organiza%C3%A7%C3%B5es-Internacionais.pdf>. Acesso em: 15 ago. 2015.

COX, R. W.; JACOBSON, H. K. **The Anatomy of Influence**: Decision Making in International Organization. New Haven: Yale University Press, 1973.

CRETELLA NETO, J. **Teoria geral das organizações internacionais**. 3. ed. São Paulo: Saraiva, 2013.

CRUZ VERMELHA. **História da Cruz Vermelha**. Disponível em: <http://www.cruzvermelha.org.br/historia-da-cvb>. Acesso em: 14 out. 2015.

CSNU – Conselho de Segurança das Nações Unidas. **Carta das Nações Unidas e Estatuto da Corte Internacional de Justiça**. 1945. Rio de Janeiro: Unic, 2001. Disponível em: <http://unicrio.org.br/img/CartadaONU_VersoInternet.pdf>. Acesso em: 25 ago. 2015.

CZERWONKA, M. Cai número de acidentes e mortes nas rodovias em 2014. **Portal do Trânsito**, 9 fev. 2015. Disponível em: <http://portaldotransito.com.br/noticias/estatisticas/cai-numero-de-acidentes-e-mortes-nas-rodovias-em-2014>. Acesso em: 20 out. 2015.

DOWBOR, L. Globalização e tendências institucionais. In: DOWBOR, L. et al. (Org.). **Desafios da globalização**. Petrópolis: Vozes, 1997.

DUGUIT, L. **Fundamentos do direito**. São Paulo: Ícone, 1996.

FONSECA, M. G. A atuação internacional dos entes subnacionais: breve análise da condição de atores das relações internacionais e sujeitos do direito internacional. In: ENCONTRO NACIONAL ABRI: GOVERNANÇA GLOBAL E NOVOS ATORES, 3., 2011, São Paulo. **Anais**... São Paulo: Associação Brasileira de Relações Internacionais/Instituto de Relações Internacionais, 2011. Disponível em: <http://www.proceedings.scielo.br/pdf/enabri/n3v3/a16.pdf>. Acesso em: 24 ago. 2015.

FRANCK, T. M. **Fairness in International Law and Institutions**. Oxford: Clarendon Press, 1995.

HELD, D. et al. **Global Transformations**: Politics, Economics and Culture. Redwood City: Stanford University Press, 1999.

HENKIN, L. **International Law**: Politics and Values. Boston: M. Nijhoff, 1995.

HEREDIA, J. M. S. Las organizaciones internacionales: generalidades. In: VELASCO, M. D. de. **Las organizaciones internacionales**. 11. ed. Madrid: Editorial Tecnos, 1999.

HERZ, M.; HOFFMANN, A. R. **Organizações internacionais**: história e práticas. Rio de Janeiro: Elsevier, 2004.

HONORATO, C. M. Trânsito seguro: direito fundamental de segunda dimensão. **Revista dos Tribunais**, n. 911, ano 100, p. 107-169, set. 2011. Disponível em: <http://www.stf.jus.br/arquivo/cms/processoAudienciaPublicaAdin4103/anexo/TRANSITO_SEGURO_Direito_Fundamental__CASSIO_HONORATO__Texto_impresso_RT_911_em_Set_2011.pdf>. Acesso em: 24 ago. 2015.

HURD, I. Legitimacy and authority in international politics. **International Organization**, v. 2, n. 53, p. 379-408, 1999.

INEP – Instituto Nacional de Estudos e Pesquisas. **Censo da Educação Superior 2013**. 2014. Disponível em: <http://download.inep.gov.br/educacao_superior/censo_superior/apresentacao/2014/coletiva_censo_superior_2013.pdf>. Acesso em: 28 out. 2015.

KLEIMAN, A. A ação internacional dos governos locais e cooperação federativa. In: JAKOBSEN, K. (Org.). **A nova política externa**. São Paulo: Ed. da Fundação Perseu Abramo, 2010. p. 79-96.

KRASNER, S. D. (Ed.). **International Regimes**. Nova York: Cornell University Press, 1982.

KRAWCZYK, N. A sustentabilidade da reforma educacional em questão: a posição dos organismos internacionais. **Revista Brasileira de Educação**, Rio de Janeiro, n. 19, p. 43-62, jan./abr. 2002. Disponível em: <http://www.scielo.br/pdf/rbedu/n19/n19a04.pdf>. Acesso em: 24 ago. 2015.

LIMA, K. R. de S. O Banco Mundial e a educação superior brasileira na primeira década do novo século. **Revista Katálysis**, Florianópolis, v. 14, n. 1, p. 86-94, jan./jun. 2011. Disponível em: <http://www.scielo.br/pdf/rk/v14n1/v14n1a10.pdf>. Acesso em: 24 ago. 2015.

LUCAS, L. C. G.; LEHER, R. Aonde vai a educação brasileira? **Educação & Sociedade**, ano 22, n. 77, p. 255-266, dez. 2001. Disponível em: <http://www.scielo.br/pdf/es/v22n77/7053.pdf>. Acesso em: 24 ago. 2015.

MAZZUOLI, V. de O. **Tratados internacionais**. São Paulo: Juarez de Oliveira, 2001.

MEDEIROS, A. P. C. de. As organizações internacionais e a cooperação técnica. In: MARCOVITCH, J. (Org.). **Cooperação internacional**: estratégia e gestão. São Paulo: Edusp, 1994. p. 273-319. v. 1.

MELLO, C. D. de A. **Curso de direito internacional público**. 14. ed. Rio de Janeiro: Renovar, 2002.

_____. **Direito internacional da integração**. Rio de Janeiro: Renovar, 1996.

MERRILLS, J. G. **International Dispute Settlement**. 3. ed. Cambridge: Cambridge University Press, 1998.

MIYAMOTO, S.; MANDUCA, P. C. S. Segurança hemisférica: uma agenda inconclusa. In: OLIVEIRA, M. G. de. (Org.). **Brasil e Estados Unidos no novo milênio**. Recife: Editora Universitária, 2004. v. 1. p. 43-79.

MOLL, L. de O. **Imunidades internacionais**: tribunais nacionais ante a realidade das organizações internacionais. Brasília: Fundação Alexandre de Gusmão, 2010.

MONTGOMERY, N. As organizações internacionais como sujeitos de direito internacional. In: MERCADANTE, A. de A.; CELLI JUNIOR, U.; ARAÚJO, L. R. de. (Org.). **Blocos econômicos e integração da América Latina, África e Ásia**. Curitiba: Juruá, 2008.

NADER, A. **Conselho de Segurança e o seu papel no século XXI**: ONU por um mundo uno. Curitiba: Juruá, 2010.

NEVES, C. E. B. Diversificação do sistema de educação terciária: um desafio para o Brasil. **Tempo Social**, São Paulo, v. 15, n. 1, p. 21-44, abr. 2003. Disponível em: <http://www.scielo.br/pdf/ts/v15n1/v15n1a02.pdf>. Acesso em: 22 out. 2015.

NYE, J. S.; KEOHANE, R. O. Transnational Relations and World Politics: an Introduction. **International Organization**, v. 25, n. 3, p. 329-249, 1971. Disponível em: <http://pendientedemigracion.ucm.es/info/sdrelint/ficheros_materiales/materiales016.pdf>. Acesso em: 27 out. 2015.

ONUBR – Nações Unidas no Brasil. **Década de Ação pela Segurança no Trânsito 2011-2020 é lançada oficialmente hoje (11) em todo o mundo**. 11 maio 2011. Disponível em: <http://nacoesunidas.org/decada-de-acao-pelo-transito-seguro-2011-2020-e-lancada-oficialmente-hoje-11-em-todo-o-mundo>. Acesso em: 24 ago. 2015.

PACTO da Sociedade das Nações. 1919. Disponível em: <http://www.direitoshumanos.usp.br/index.php/Documentos-Internacionais-da-Sociedade-das-Na%C3%A7%C3%B5es-1919-a-1945/pacto-da-sociedade-das-nacoes-1919.html>. Acesso em: 27 out. 2015.

PIERIK, R. Globalization and Global Governance: a Conceptual Analysis. In: HAGUE JOINT CONFERENCE, 2003. **Anais**... [S.l.: s.n.], 2003. p. 454-462.

POR VIAS SEGURAS. **Estatísticas nacionais de acidentes de trânsito**. 8 jun. 2015. Disponível em: <http://www.vias-seguras.com/os_acidentes/estatisticas/estatisticas_nacionais>. Acesso em 24 ago. 2015.

QUADROS, F. de. **Direito das comunidades europeias e direito internacional público**: contributo para o estudo da natureza jurídica do direito comunitário europeu. Lisboa: Almedina, 1991.

REUTER, P. **Institutions internationales**. Paris: Presses Universitaires de France, 1972.

REZEK, F. **Direito internacional público**. 11. ed. São Paulo: Saraiva, 2002.

ROBERTS, A.; KINGSBURY, B. **United Nations, Divided World**. Oxford: Oxford University Press, 2003.

ROSENAU, J. N. Governança, ordem e transformação na política mundial. In: ROSENAU, J. N.; CZEMPIEL, E-O. **Governança sem governo**: ordem e transformação na política mundial. Brasília: Ed. da UnB; São Paulo: Imprensa Oficial do Estado, 2000. p. 11-46.

ROSENSTIEL, F. **El princípio de supranacionalidad**: ensayo sobre las relaciones de la política y el derecho. Madri: Instituto de Estudios Políticos, 1967.

RUIZ, J. **Derecho internacional del medio ambiente**. Madrid: McGraw-Hill, 1999.

SARAMAGO, J. Por utopias mais próximas. **Revista Espaço Acadêmico**, n. 69, fev. 2007. Disponível em: <http://www.espacoacademico.com.br/069/69saramago.htm>. Acesso em: 18 out. 2015.

SEITENFUS, R. **Manual das organizações internacionais**. 5. ed. Porto Alegre: Livraria do Advogado, 2012.

SISTE, E. Teoria geral das organizações internacionais de integração e cooperação econômica. In: MERCADANTE, A. de A.; CELLI JUNIOR, U.; ARAÚJO, L. R. de. (Coord.). **Blocos econômicos e integração na América Latina, África, e Ásia**. Curitiba: Juruá, 2008.

SMOUTS, M. C. **As novas relações internacionais**. Brasília: Ed. da UnB, 2004.

SUHR, M. R. O. K. A Contemporary Classic. In: NEUMANN, I. B.; WAEVER, O. (Ed.). **The Future of International Relations**: Masters in the Making? New York: Routledge, 1997.

TAVARES, A. R. **Curso de direito constitucional**. 9. ed. São Paulo: Saraiva, 2011.

TOUSCOZ, J. **Direito internacional**. Tradução de Nuno Cana Mendes. Mem de Sá: Europa-America, 1993.

TRINDADE, A. A. C. **Direito das organizações internacionais**. 4. ed. São Paulo: Del Rey, 2009.

UIA – Union of International Associations. **Yearbook of Internacional Organization 2015-2016**. 2015. Disponível em: <http://www.uia.org/yearbook>. Acesso em: 24 ago. 2015.

Respostas

Capítulo 1

Questões para revisão

1. e
2. c
3. b
4. a
5. Organizações internacionais não governamentais são associações de sujeitos internacionais formadas pela sociedade civil, com estrutura própria e finalidades públicas internacionais. Apresentam grau de institucionalização menor, se comparadas às organizações internacionais intergovernamentais, e não detêm personalidade jurídica formal.
6. Trata-se do modelo de integração marcado pelo globalismo. Nesse modelo, caracterizado por redes de conexões que se estendem por distâncias transcontinentais, não há, necessariamente, o desaparecimento ou o deslocamento dos Estados nacionais. Outros atores internacionais coatuam com vistas a propor soluções para problemas globais que os Estados, de forma isolada, não conseguem resolver.

Capítulo 2

Questões para revisão

1. c
2. a
3. e

4. a

5. Entre as principais consequências, destacam-se: a) poder de celebrar tratados; b) privilégios e imunidades diplomáticas; c) responsabilidade internacional.

6. A uma organização supranacional, ou seja, àquela em que há uma cessão de competências dos Estados-membros a órgãos comuns, dando-lhes poder para criar determinadas normas e aplicá-las diretamente, sem a necessária incorporação ao ordenamento jurídico nacional (internalização).

Capítulo 3

Questões para revisão

1. b
2. b
3. c
4. e
5. A competência normativa das OIs diz respeito à expedição de normas de vocação interna (destinadas à sua auto-organização) e externa (dirigidas a outros sujeitos, buscando regular o comportamento destes). A competência operacional refere-se a atividades externas, de caráter permanente ou temporário, junto a setores específicos e problemas concretos experimentados por países necessitados.
6. Uma importante fonte de receita extraordinária (não prevista no orçamento) provém de doações voluntárias (subvenções) de Estados, de outras organizações e até mesmo de particulares. Outra fonte de receita advém da prestação, direta ou indireta, de serviços, por parte da organização, a membros ou mesmo a terceiros.

Capítulo 4

Questões para revisão

1. d
2. a
3. c
4. d
5. Para contornar os possíveis efeitos nefastos decorrentes da unanimidade plena, as OIs costumam adotar os seguintes critérios: a) eximição do dissidente; b) direito de veto; c) obtenção de consenso; d) controle de presença.

6. A afirmação do poder por parte das OIs interessa a todos: aos Estados desenvolvidos, que mantêm sua posição atual; aos Estados menos desenvolvidos, os quais têm suas posições fortalecidas; à comunidade internacional como um todo, que se beneficia com a segurança jurídica alcançada por meio da negociação multilateral.

Capítulo 5

Questões para revisão

1. d
2. c
3. b
4. De forma resumida, podemos apresentar o impacto e a influência das organizações na formulação de políticas públicas. Os três principais pontos são: a) o fortalecimento efetivo do setor privado no Brasil, especialmente a partir de 1994, bem como mudanças no setor público, com a criação de instrumentos de gestão próprios do setor privado; b) a realização das parcerias público-privadas na educação superior, também como uma das ferramentas de gestão do setor privado; c) a criação de uma forma de gestão por meio de contratos mais flexíveis – modelo difundido pelas OIs para os países em desenvolvimento, como o Brasil.
5. O papel das OIs é crucial no desenho das políticas públicas dos países, isso porque se trata de uma forma de criar mecanismos comuns para países com características econômicas semelhantes. Ao avaliarmos as políticas públicas domésticas, conseguimos mensurar o papel e a concepção no desenho dessas políticas nas OIs. A partir de uma perspectiva histórica e calcada em documentos legais, é possível avaliar o tamanho da influência que as organizações exercem sobre os países.

Capítulo 6

Questões para revisão

1. d
2. a
3. d
4. Japão, Suécia e Canadá são os países que apresentam o menor número de mortos a cada 100 mil habitantes, ficando em média entre 5 e 8 vítimas. Esses dados se chocam com os dados brasileiros, pois, no Brasil, há dados que comprovam que 38% dos condutores já foram flagrados conduzindo veículo sob a influência de álcool. É preciso destacar, também, o impacto da fiscalização sobre as ações das pessoas, ou seja, tanto o Estado quanto as ONGs e as OIs, por meio de políticas públicas, podem mudar esse histórico. Entretanto, é alarmante o

fato de que, quando falamos em trânsito e álcool, 22,9% dos condutores acreditam não haver qualquer problema em ingerir bebida alcoólica e dirigir. Isso significa que estamos tratando de aspectos culturais, comportamentais, o que é, ao mesmo tempo, uma preocupação e um alento, uma vez que esses comportamentos podem ser modificados. Assim, existem campanhas e estudos de várias esferas os quais demonstram que o risco de provocar um acidente fatal quando se ingere álcool sobe para quatro a dez vezes em comparação com um condutor sóbrio.

5. As OIs têm grande impacto na elaboração e na implementação de políticas públicas articuladas com os países de origem. As ações de tais OIs, além de estarem pautadas na legislação internacional e em acordos entre países, são fundamentais para balizarem o encaminhamento dessas políticas públicas, pois trabalham com dados em termos globais e que oferecem um panorama amplo e mais adequado, uma vez que o simples fato de apresentarem um retrato possibilita aos países observar os problemas internos e criar alternativas para seus problemas locais, até porque os problemas se repetem – por exemplo, a questão do álcool. Nesse sentido, a Europa pode ser vista como um modelo, na medida em que tem aplicado de forma vanguardista políticas de prevenção, as quais têm sido frutíferas em relação ao controle do número de mortos e à queda desses índices.

Sobre os autores

Vanessa Fontana
Doutora em Ciência Política pela Universidade Federal do Rio Grande do Sul (UFRGS – 2007). Mestre em Sociologia Política pela Universidade Federal do Paraná (UFPR – 2002). Licenciada e Bacharel em Ciências Sociais pela UFPR (2000). MBA em Gestão de Pessoas pelo Instituto Brasileiro de Pós-Graduação e Extensão (Ibpex – 2006). Atualmente, cursa bacharelado em Direito na Fapi e pós-graduação *lato sensu* em Planejamento e Gestão de Trânsito. Ministra palestras sobre trânsito e segurança pública e atua como consultora de políticas públicas para a área de trânsito, bem como em segurança pública, junto à Associação de Praças do Estado do Paraná (Apra) e ao Fórum Paranaense de Segurança Pública. É coordenadora do curso de Trânsito e Segurança Pública do Centro Universitário Internacional – Uninter e apresentadora do Programa Vida Acadêmica, veiculado na TV Uninter, no qual realiza entrevistas com professores, pesquisadores e acadêmicos que desenvolvem pesquisas. Elaborou diversos projetos de cursos *lato sensu*, de bacharelado e tecnólogos. Criou a Iniciação Científica no Uninter, instituição em que coordenou durante cinco anos o curso presencial de Ciência Política e implantou e coordenou em 2014 o curso de Ciência Política e Relações Internacionais na modalidade a distância. É também apresentadora do Programa

Política ComCiência, veiculado na TV Uninter, no qual entrevista deputados federais, estaduais e vereadores, sempre com a mediação de cientistas políticos, cientistas sociais, advogados etc. Na Universidade Positivo (UP), atuou como consultora na área de captação de recursos e produz *papers* sobre o ensino superior no Brasil. Tem um *blog* sobre ciência política, política, direito, trânsito e atualidades: <http://vanessadesouza.wordpress.com>.

Jefferson Augusto Krainer
Mestre em Ciência, Gestão e Tecnologia da Informação pela Universidade Federal do Paraná (UFPR), seguindo a linha de pesquisa "Informação, conhecimento e estratégia". Especialista em Direito Empresarial Aplicado pela Universidade Positivo (UP). Bacharel em Direito pela Faculdade de Direito de Curitiba. Atua como advogado há aproximadamente 20 anos e é professor de cursos de tecnologia e bacharelado das disciplinas de Legislação Social e Direito do Trabalho, Instituições de Direito Público e Privado, Tecnologia da Informação e Administração do Conhecimento, entre outras. É autor de diversas obras (livros, artigos, palestras e materiais didáticos) nas áreas de direito e de gestão da informação e do conhecimento. Atualmente, coordena um projeto de pesquisa dedicado a estudar a formação e a modelagem de redes de colaboração de empresas.

Os papéis utilizados neste livro, certificados por instituições ambientais competentes, são recicláveis, provenientes de fontes renováveis e, portanto, um meio responsável e natural de informação e conhecimento.

Impressão: Reproset
Agosto/2020

Crédito: Shutterstock